Diogenes Taschenbuch 23746

de te be

Ruckzuck

Die schnellsten Geschichten der Welt

*Eingefangen von
Daniel Kampa*

Diogenes

Nach- und Hinweise
am Schluss des Bandes
Umschlagillustration: Tomi Ungerer

Originalausgabe

»Genauigkeit und Kürze – das sind die ersten Eigenschaften der Prosa.«

Aleksandr Puškin

Zu diesem Buch

»Die Vernunft verfolgt mich, aber ich bin schneller«, lautet ein Lieblingsspruch von Daniel Keel, dem Gründer und Verleger des Diogenes Verlags. Nach dem Band *Kurz und bündig*, dessen erste Auflage kurz nach Erscheinen bereits ausverkauft war, folgen nun weitere hundert Geschichten, die wiederum nur wenige Zeilen kurz bis maximal fünf Seiten lang sind.

»Ich lese nichts lieber als Bücher von einigen Seiten«, hat einmal Jean Paul gesagt. *Ruckzuck* bietet faktisch hundert kleine Bücher in einem, so dass man den berühmten Satz von Karl Kraus »Wo nehme ich nur die Zeit her, so viel *nicht* zu lesen« in diesem Fall umdrehen kann: Wie kann man in so weniger Zeit nur so *viel* lesen?

Überhaupt ermöglicht haben dieses Buch, wie auch den Vorgängerband, Lisa Griessmann, die in Rekordzeit Hunderte von Abdruckgenehmigungen eingeholt und die Nachweise akribisch zusammengestellt hat, und Karin Sirera-Brügger, die Satz und Herstellung betreut hat. Bei ihnen beiden kann ich mich nicht genug entschuldigen und gleichzeitig herzlich bedanken.

Daniel Kampa

Inhalt

Anton Čechov
Das Leben in Fragen und Ausrufen

Kindheit. Was hat Gott geschenkt, Sohn oder Tochter? Müssen wir bald zur Taufe? Ein großer Junge! Nicht fallen lassen, Mamka! Ach, ach! So fällt er doch hin!! Sind die Zähnchen schon da? Hat er nicht Skrofulose? Nehmen Sie die Katze weg, sonst kratzt sie ihn! Na, zieh den Onkel am Schnurrbart! Ja, so! Nicht weinen! Sonst kommt der Hausgeist! Er kann schon laufen! Bringen Sie ihn fort von hier – er ist unhöflich! Was hat er Ihnen getan?! Der arme Rock! Ach, macht nichts, wir trocknen ihn wieder! Er hat die Tinte umgeschüttet! Schlaf, meine kleine Seifenblase! Er kann schon sprechen! Ach, welche Freude! Ja, nun sag doch etwas! Fast hätte ihn die Droschke überfahren!! Die Kinderfrau entlassen! Du sollst nicht im Zug stehen! Schämen Sie sich, wie kann man noch ein so kleiner Junge sein? Nicht weinen! Geben Sie ihm einen Pfefferkuchen!

Knabenjahre. Komm mal her, damit ich dich verhaue! Wo hast du dir die Nase aufgeschlagen? Lass Mama in Ruhe! Du bist doch kein kleiner Junge mehr! Komm nicht an den Tisch, du bekommst später! Lies! Du kannst es nicht? Marsch in die Ecke! Fünf! Du sollst keine Nägel in die Hosentaschen stecken! Warum gehorchst du Mama nicht? Iss, wie es sich gehört! Bohr nicht in der Nase! Hast *du* Mitja geschlagen? Lausebengel! Lies mir das Gedicht vor!

Marsch vor die Tür! Ohne Essen ins Bett! Es ist schon neun Uhr! Lustig ist er nur, wenn Gäste da sind! Du lügst! Kämm dich! Steh sofort vom Tisch auf! Na, zeig mir mal dein Zeugnis! Du hast die neuen Schuhe schon zerrissen?! Schäm dich zu heulen, so ein großer Junge! Wo hast du dir die Uniform so schmutzig gemacht? An euch kann man arm werden! Schon wieder eine Fünf? Wann endlich werde ich aufhören können, dich zu verprügeln! Wenn du anfängst zu rauchen, jage ich dich aus dem Haus! Wie lautet der Superlativ von *facilis*? *Facilissimus*? Unsinn! Wer hat hier Wein getrunken? Kinder, da haben Leute einen Affen auf den Hof gebracht! Warum haben Sie meinen Sohn nicht versetzt? Großmama ist gekommen!

Jünglingsalter. Für dich ist es noch zu früh, Vodka zu trinken! Erzählen Sie mir etwas über die *consecutio temporum!* Zu früh, zu früh, junger Mann! In euerm Alter habe ich von solchen Dingen noch nichts gewusst! Du hast noch Angst, vor deinem Vater zu rauchen? Ach, was für eine Schande! Ninočka lässt dich grüßen! Nehmen Sie Julius Caesar! Ist das hier ein *ut consecutivum*? Ach, meine Liebste! Lassen Sie das, mein Herr, sonst… sag ichs meinem Papa! Na, na… Spitzbube! Bravo, dir wächst schon der Bart! Wo? Den hast du dir doch angemalt! Nadine hat ein hübsches Kinn! In welcher Klasse sind Sie jetzt? Sehen Sie doch ein, Papa, es ist unmöglich, dass ich kein Taschengeld bekomme! Nataša? Kenne ich! Ich war bei ihr! Also du bist das gewesen? Ach, bist du bescheiden! Geben Sie mir eine zu rauchen! Oh, wenn ich gewusst hätte, wie sehr ich Sie liebe! Sie ist eine Göttin! Wenn ich das Gymnasium hinter mir habe, werde ich sie heiraten! Das geht Sie gar nichts an, *maman*! Ich widme Ihnen meine Gedichte! Hör auf zu rauchen! Ich werde schon nach drei Gläsern betrunken! Da capo! da capo! Braaaavo! Du hast Börne nicht gelesen? Nicht *cosinus*, sondern *sinus*! Wo ist die Tangente? Sonjka hat keine schönen Beine! Darf ich Sie küssen? Trinken wir? Hurrraaaa, das Abitur! Schreiben Sie's an! Borgen Sie mir 25 Rubel! Vater, ich will heiraten! Aber ich habe ihr mein Wort gegeben! Wo bist du über Nacht gewesen?

Zwischen 20 und 30. Borgen Sie mir hundert Rubel! Welche Fakultät? Ist mir alles gleich! Was kostet die Vorlesung? Ist aber billig! Nach Strelna und zurück! *Da capo, da capo!* Wie viel schulde ich Ihnen? Kommen Sie morgen! Was gibt es heute im Theater? Oh, wenn Sie wüssten, wie sehr ich Sie liebe! Ja oder nein? Ja? Oh, meine Wunderbare! In den Hintern! Bedienung! Trinken Sie Jerez? Marja, gib mir mal einen Schluck Gurkenlake! Ist der Redakteur zu Hause? Ich habe kein Talent? Merkwürdig! Wovon soll ich denn leben? Borgen Sie mir fünf Rubel! In den Salon! Meine Herrschaften, es wird schon hell! Ich habe sie sitzengelassen! Borgen Sie mir einen Frack! Den Gelben in die Ecke! Ich bin sowieso schon betrunken! Doktor, ich sterbe! Ins Jar, oder? Das ist es wert! Geben Sie mir doch Arbeit! Bitte! Ääh… Sie sind doch ein Faulpelz! Wie kann man sich nur so verspäten? Geld ist nicht alles! Doch! Ich werde mich erschießen!! Basta! Zum Teufel mit ihm, mit allem! Lebe wohl, jammervolles Leben! Übrigens… nein! Bist du es, Liza? Mein Lied ist ausgesungen, *maman*! Ich habe mein Leben gelebt! Geben Sie mir eine Stelle, Onkel! *Ma tante*, der Wagen ist vorgefahren! Merci, mon oncle! Nicht wahr, ich habe mich verändert, *mon oncle*? Verbändert? Ha-ha! Schreiben Sie dieses Papier! Heiraten? Niemals! Sie ist – o weh! – sie ist verheiratet! Euer Exzellenz! Stell mich deiner Großmutter vor, Serge! Sie sind bezaubernd, Fürstin! Alt? Hören Sie auf! *Fishing for compliments!* Gestatten Sie, ich nehme zweite Reihe! Parkett!

Zwischen 30 und 50. Geplatzt! Sie haben eine freie Stelle? Neun ohne Trumpf! Sieben Cœur! Sie sollten aufgeben, *votre excellence!* Sie sind schrecklich, Doktor! Fettleber? Unfug! Wie viel diese Ärzte einem abknöpfen! Und wie hoch ist die Mitgift? Wenn Sie sich jetzt noch nicht lieben, mit der Zeit werden Sie sie schon liebgewinnen! Auf die gesetzliche Ehe! Schatz, ich kann das Spielen nicht lassen! Magenkatarrh? Sohn oder Tochter? Ganz der … Vater! Ich versichere dich, ich kenne sie nicht! Hör auf mit deiner Eifersucht! Fahren wir, Fanny! Ein Bracelet? Champagner? Auf die Beförderung! *Merci!* Was muss ich tun, um abzunehmen? Ich eine Glatze? Ärgern Sie mich nicht, Schwiegermama! Sohn oder Tochter? Ich bin betrunken, Karolinchen! Lass mich dich küssen, Deutschenkind! Schon wieder diese Kanaille bei meiner Frau! Wie viele Kinder haben Sie? Helfen Sie einem armen Menschen! Was ist Ihre Tochter für ein nettes Mädchen! In den Zeitungen, zum Teufel, ziehen sie über uns her! Komm, ich muss dich verprügeln, du schlimmer Bengel! Hast du meine Perücke zerstrubbelt?

Das Alter. Fahren wir zur Kur? Heirate ihn, meine Tochter! Er ist dumm? Hör schon auf! Sie tanzt schlecht, aber sie hat schöne Beine! Hundert Rubel für... einen Kuss?! Ach, du kleiner Teufel! He-he-he! Haselhuhn will das Mädchen! Du, mein Sohn, bist... charakterlos! Sie vergessen sich, junger Mann! Pst! pst! pst! Ich liebe Musik! Cham... Cham... panjer! Den *Šut* liest du? He-he-he! Ich bringe meinen Enkelchen Bonbons! Mein Sohn ist gut, aber ich war besser! Zeit, wohin bist du entschwunden? Ich habe auch dich in meinem Testament nicht vergessen, kleine Emmy! Da siehst du, wie ich bin! Papaška, gib mir die Uhr! Wassersucht? Wirklich? Gott schenke ihm das Himmelreich! Die Verwandten weinen? Steht ihr gut, die Trauerkleidung! Er riecht so! Friede deiner Asche, ehrlicher Arbeiter!

Johann Peter Hebel
Seltsamer Spazierritt

Ein Mann reitet auf seinem Esel nach Haus und lässt seinen Buben zu Fuß nebenherlaufen. Kommt ein Wanderer und sagt: »Das ist nicht recht, Vater, dass Ihr reitet und lasst Euren Sohn laufen; Ihr habt stärkere Glieder.« Da stieg der Vater vom Esel herab, und ließ den Sohn reiten. Kommt wieder ein Wandersmann und sagt: »Das ist nicht recht, Bursche, dass du reitest und lässest deinen Vater zu Fuß gehen. Du hast jüngere Beine.« Da saßen beide auf und ritten eine Strecke. Kommt ein dritter Wandersmann und sagt: »Was ist das für ein Unverstand: Zwei Kerle auf *einem* schwachen Tiere; sollte man nicht einen Stock nehmen, und euch beide hinabjagen?« Da stiegen beide ab, und gingen selbdritt zu Fuß, rechts und links der Vater und Sohn, und in der Mitte der Esel. Kommt ein vierter Wandersmann und sagt: »Ihr seid drei kuriose Gesellen. Ist's nicht genug, wenn zwei zu Fuß gehen? Geht's nicht leichter, wenn *einer* von euch reitet?« Da band der Vater dem Esel die vordern Beine zusammen, und der Sohn band ihm die hintern Beine zusammen, zogen einen starken Baumpfahl durch, der an der Straße stand, und trugen den Esel auf der Achsel heim.

So weit kann's kommen, wenn man es allen Leuten will recht machen.

Donna Leon
Bürokratie all'italiana

Es gibt Zeiten, da ist das Leben in Italien der Stoff, aus dem der Irrsinn ist, da können bürokratische Trägheit oder Inkompetenz einen wild machen. Es gibt Zeiten, da sieht es so aus, als klappe gar nichts und werde auch niemals klappen, und man glaubt allmählich, dass alles, was dennoch geschieht, auf Wunder zurückzuführen ist, denn es gibt keinerlei Hinweise darauf, dass menschliches Zutun irgendeine Veränderung bewirken kann oder jemals könnte. An manchen Tagen finden Beamte aller Couleur ihre einzige Freude darin, sich querzulegen – dann richten sie ihr Augenmerk unnachsichtig auf den kleinsten Buchstaben eines jeden Gesetzes, jeder Vorschrift. Es werden Versprechen gegeben und nicht gehalten, und Fortschritt will einem als Illusion erscheinen.

Aber dann, wie wenn an einem Wolkentag der Wind ganz plötzlich von Süden kommt und die Wolkendecke in Stücke reißt, klart der Himmel auf, und Italien erstrahlt in all seiner ordnungswidrigen, menschlichen Schönheit. Solche Augenblicke sind es, die mich daran erinnern, dass dieses Land trotz all seiner gewaltigen Probleme das einzige ist, in dem ich leben möchte.

Im Spätherbst war ich in den USA und schickte von dort per Luftfracht den kleinen Sekretär meiner Mutter nach Venedig, ein Möbelstück, mit dem ich aufgewachsen war, ihr Geschenk zu meinem sechzehnten Geburtstag. Als er ankam, fuhr ich zur Spedition am Flughafen, wo die Sekretärin mir die Frachtpapiere überreichte und sagte, ich solle damit zum Zoll gehen.

Dort betrachtete ein junger Beamter mit sizilianischem Akzent und maßgeschneiderter Uniform die Rechnungen und Begleitpapiere, und als er sah, dass ich – aus rein versicherungstechnischen Gründen – einen Wert von 300 Dollar darauf angegeben hatte, rechnete er rasch nach und eröffnete mir, dass ich 280 000 Lire Zoll zu entrichten hätte. Ich erklärte ihm, die eingetragene Summe sei rein fiktiv und der Sekretär habe nur Erinnerungswert. Das schien ihn nicht weiter zu interessieren, und er nannte noch einmal die Summe von 280 000 Lire. Ich senkte die Stimme, legte ein rührseliges Vibrato hinein und kniff die Augen zu, als müsste ich an etwas furchtbar Trauriges denken. »Aber er gehörte doch – *a mia madre.*«

Er blickte auf, als hätte er soeben mit Erstaunen entdeckt, dass jemand, der zum Zollamt kam, eine Mutter haben konnte.

»A sua madre?«

»Sì.«

Er blickte wieder auf das Papier, das ich ihm hinstreckte, aber die Zahlen standen noch immer darauf. Ich fragte, ob es etwas nützen würde, wenn ich den angegebenen Wert des Sekretärs abänderte. Dazu müsse ich, erklärte ich ihm, indem ich auf die Zahlen zeigte, nur den Dezimalpunkt um eine Stelle nach links verschieben und eine Null anhängen. So würden aus den 300 Dollar 30.00 Dollar.

Er betrachtete angelegentlich das Papier, ließ sich das soeben Gehörte durch den Kopf gehen, blickte wieder auf und sah mir unangenehm lange ins Gesicht. Unter Kopfschütteln – zweifellos ob der Unverfrorenheit, ganz zu schweigen von der Ungesetzlichkeit meines Vorschlags – nahm er mir dann das Papier ab, entschuldigte sich und ging damit in das Zimmer zurück, aus dem er gekommen war, während ich darüber nachgrübeln durfte, welche Strafe wohl auf Zollbetrug stand und ob man mich auch gleich noch wegen versuchter Beamtenbestechung belangen werde.

Nach ein paar Minuten kam er wieder aus seinem Büro, die Papiere noch immer in der Hand. Ich blickte mit verzagtem Lächeln auf, felsenfest überzeugt, dass ich nun außer den Zollgebühren auch noch für meine kriminellen Absichten würde bezahlen müssen. Da hob er das Papier in die Höhe, und mit einer ebenso galanten wie eleganten Geste riss er es entzwei, der Länge nach.

»Der Sekretär gehörte Ihrer Mutter, Signora, darum gibt es dafür keinen Zoll zu entrichten«, sagte er, und dabei breitete er die Arme aus und ließ die beiden Papierhälften an seinen Händen flattern wie die zerfetzte, in fairem Kampf erbeutete Fahne eines besiegten Feindes.

Raymond Chandler
Drohung

Wenn du nicht abhaust, such ich mir einen andern.

Arnon Grünberg
Wie man zum Latin Lover wird

Neunzehnhunderteinundneunzig, als ich noch in Amsterdam lebte, spielte ich in einem Theaterstück für Kinder mit. Ich hatte eine sehr kleine Rolle, die nicht einmal fünf Minuten dauerte, und das Geld, das ich dafür bekam, war nicht viel mehr als die Sozialhilfe. Aber ich konnte nicht klagen, denn es war das erste Mal in meinem Leben, dass ich überhaupt Geld fürs Schauspielen bekam.

Alle anderen Schauspieler waren seit Jahren im Geschäft, Gott sei Dank gab es aber einen, der für über zwölf Jahre arbeitslos gewesen war und seinen Traum, jemals wieder auf einer Bühne zu stehen, längst aufgegeben hatte. Er besaß zwei Hunde, und es schien, dass sie das Einzige waren, das ihm etwas bedeutete. Ab und zu starrte er vor den Proben in seinen Kaffee und flüsterte: »Es macht mich so traurig, sie allein zu lassen.«

Ich war fast zwanzig, und all die Geheimnisse des Lebens sollten sich mir noch offenbaren. Ich will damit nicht sagen, dass sich mir alle Geheimnisse des Lebens inzwischen offenbart haben, aber wenigstens habe ich einige von meiner Liste streichen können. Zum Beispiel das Geheimnis, wie man eine Flasche Bier mit den Zähnen öffnet. Das habe ich vor vielen Jahren aufgegeben, nachdem mein Zahnarzt über zwanzig Minuten lang verzweifelt auf mich eingeredet hatte.

Ich arbeite noch immer an dem Geheimnis, wie man ein Latin Lover wird, bin aber kurz davor, auch das aufzugeben. Ich möchte hingegen betonen, dass mein Zahnarzt mit dieser Entscheidung nicht das Geringste zu tun hat.

Eine Sache, über die ich mir bereits 1991 im Klaren war, ist, dass es im Leben darum geht, vor todsicheren Wahrheiten zu fliehen, also vor Männern am Tresen, die jeden Abend immer die gleichen Witze reißen über die zwei Dinge, die im Leben sicher sind: der Tod und die Steuern.

Einer der Schauspieler, der das jeden Tag nach den Proben sagte, war dafür bekannt, in seinem gesamten Leben keinen Pfennig Steuern gezahlt zu haben, er musste also über einen ausgeprägten Sinn für Ironie verfügen. Für mich bleibt er der Mensch, der glaubte, ewig leben zu können, wenn er nur keine Steuern zahlte.

Jeder hat das Recht, seinen kleinen Träumen nachzuhängen, solange dabei niemand verletzt wird.

Während der Proben verging kein Tag, ohne dass jemand einen Nervenzusammenbruch erlitt. Diese Nervenzusammenbrüche wurden zu unserer Routine. Damals beschloss ich, nur zu heiraten, wenn es am Tag meiner Hochzeit keine Nervenzusammenbrüche geben würde. Ich habe nie geheiratet, denn sobald ich nur daran dachte, spürte ich meinen eigenen Nervenzusammenbruch kommen.

Mein Zahnarzt sagte: »Das Geheimnis eines guten Lebens ist, mit dem zufrieden zu sein, was man hat.« Aber er hat fünf Mal geheiratet, das letzte Mal eine seiner Patientinnen. Leute, die Bescheid wissen, schweigen, und diejenigen, die keine Ahnung haben, überschütten einen mit Ratschlägen.

Vor fast sechs Monaten bekam ich einen Brief mit der Aufforderung: »Finger weg von dieser Frau. Sie ist glücklich verheiratet und hat zwei wundervolle Kinder.«

Es war klar, dass ihr Ehemann diesen Brief geschrieben hatte. Also schrieb ich zurück: »Lassen Sie uns eine Einigung finden. Wenn Sie sich von ihr fernhalten, werde ich das auch tun. Sie können nicht von mir erwarten, einseitig zurückzustecken. Ich bin kein Staat und habe keinen Krieg verloren.«

Fünf Tage später schrieb er mir: »Dies ist meine letzte Warnung. Ich habe mit Ihrer Mutter gesprochen, und sie ist auf meiner Seite.«

Ich antwortete: »Ich habe mit Ihrer Großmutter gesprochen, und sie ist auf meiner Seite. Als Neurologe sollten Sie wissen, dass Weisheit mit dem Alter zunimmt.«

Danach hörten wir auf, Briefe auszutauschen.

Jetzt sollte ich über Sabina sprechen und über Weisheit, die mit dem Alter zunimmt.

Sie war Schauspielerin und spielte in dem Kinderstück mit. Sie war recht berühmt, so berühmt man eben in Amsterdam sein kann.

Eines Tages hatte sie einen Nervenzusammenbruch, während wir unsere Mittagspause hatten, und zufällig saß sie neben mir. Ich versuchte meinen Part auswendig zu lernen, was recht schwierig war, weil es ein ziemlich abstrakter Text war. Einer der abstraktesten Texte, die ich jemals in meinem Leben gesehen habe.

Auf einmal fing Sabina an zu weinen. Es war beunruhigend, ich dachte aber, das Beste sei, weiter meine Rolle einzustudieren. Sie weinte mindestens eine Viertelstunde lang, was herzzerreißend war und sehr schlecht für meine Konzentration.

Dann hörte sie auf, schaute mich an und sagte: »Ist dir aufgefallen, dass wir etwas gemeinsam haben?« Das war das erste Mal, dass sie etwas zu mir gesagt hatte außer »Hallo«.

Mir war nie aufgefallen, dass wir etwas gemeinsam hatten, aber ich schaute sie an, und um es ganz offen zu sagen: Ich fühlte, dass sie recht hatte, obwohl ich keine Ahnung hatte, was wir gemeinsam hatten. Nur dass es sehr viel sein musste.

An diesem Tag begann ich, sie in einem neuen Licht zu sehen. Und ich schrieb ihr zwanzig Gedichte, die alle sehr traurig waren, ohne auch nur eine Spur von Ironie. Damals glaubte ich, dass Liebe und Ironie Feinde waren. Heute, fast neun Jahre später, bin ich genau der entgegengesetzten Meinung und denke, dass Liebe ohne Ironie nichts anderes als Hass bedeutet und einen Haufen zerbrochenes Geschirr.

An die Aufführungen kann ich mich fast gar nicht mehr erinnern. Nur dass Sabina mich nach einer der letzten plötzlich fragte: »Kommst du mit mir nach Paris? Ein französischer Film, in dem ich mitgespielt habe, wird gezeigt.«

Es war die zweite Einladung, die ich je von ihr bekommen hatte. Das erste Mal bat sie mich, Kaugummi zu kaufen, was ich auch tat. Aber ich kaufte die falsche Sorte, was sie zutiefst betrübte.

An einem warmen Frühlingstag fuhren wir mit dem Zug nach Paris. Ich hatte mich auf einen mehrtägigen Aufenthalt mit Sabina eingestellt, so dass ich einen ganzen Koffer voll Kleider und schicker Schuhe dabeihatte.

In Paris fuhren wir vom Bahnhof direkt ins Kino. Im

Film ging es um eine Frau, die viel weinte, vor allem im Badezimmer. Nach der Vorführung gingen wir in eine Bar, und Sabina sagte plötzlich zu mir: »Du fährst jetzt am besten zurück nach Amsterdam.«

Da nicht nur die Weisheit mit dem Alter zunimmt, sondern auch die Fähigkeit, Menschen zu manipulieren, antwortete ich: »Ja, du hast recht.«

Sie brachte mich zu einem Taxi und sagte dem Fahrer: »Bringen Sie ihn zum Gare du Nord.« Als ich im Taxi saß, fragte ich sie: »Da habe ich nun also ganz Paris in einem Tag gesehen?« Aber sie hat mir nie eine Antwort darauf gegeben.

Der Zug nach Amsterdam war extrem überfüllt. Nur im Speisewagen waren noch Plätze frei. Ich bestellte ein Glas Wein, aber mein Französisch war scheint's nicht besonders. Man brachte mir Kaninchen, eine Flasche Wein und französischen Käse zum Dessert.

In Amsterdam angekommen, musste ich zu Fuß nach Hause gehen, weil ich mein ganzes Geld im Speisewagen gelassen hatte. Diese Nacht war die erste, in der ich ernsthaft erwog, meinen Lebensunterhalt mit dem Verfassen von Liebesbriefen zu verdienen.

F. K. Waechter
Der Spanner

Ein Spanner sitzt in einem Baum und schaut sehr angeregt in ein schwach beleuchtetes Fenster. Plötzlich erscheint ein nackter Mann am Fenster und sieht den Spanner.

Nackter Mann: »Ich bringe dich um, du Schwein.«

Spanner: »Sie waren einsame Spitze.«

Nackter Mann: »Ehrlich? Sowas sagt sie mir nie.«

Doris Dörrie
Wir reden gerade so nett

Sie starrt seit ein paar Minuten auf ihr Lachscarpaccio und sagt nichts mehr. Worüber hat sie nur geredet? Schnecke, sage ich. Keine Antwort. Ist was? Sie hebt nicht den Blick. Ihr Haaransatz färbt sich rosarot, ein leichtes Zucken fährt über ihre Kopfhaut wie bei einem Pferd, das eine Fliege verscheucht. Dann tropft die erste Träne in ihre Vorspeise.

Ich strecke meine Hand nach ihr aus, das ist ein Fehler. Sie reißt den Kopf hoch, sieht mich bitterböse an, steht auf, wirft dabei das Weinglas um und geht auf die Toilette. Nein, sie geht nicht, sie stampft. Sie schafft es, dass sich das ganze Lokal nach ihr umdreht – und dann nach mir. Dort sitzt er, der Übeltäter, Bösewicht, Frauenschänder. Ich lächle unschuldig, senke jetzt meinerseits den Kopf und wünsche mir sehnlichst eine Zeitung. Ich bin so müde, so schrecklich müde. Der Kellner kommt, beseitigt wortlos die Weinpfütze und das umgeworfene Glas. Wie ein Idiot sitze ich da und male Muster mit der Gabel ins Tischtuch. Ich wollte ganz friedlich mit meiner Frau essen gehen, das war alles. Mein Sohn hätte jetzt wenigstens seinen Gameboy dabei.

Natürlich läuft die Wimperntusche. Wasserfeste gibt es einfach nicht, ganz gleich, was die Werbung sagt. Es ist kalt auf dem Klo. Ich verabscheue ungeheizte Klos. Ich sitze auf der Brille und heule wie ein Schlosshund. Ich habe mich wirklich zusammengenommen. Gelächelt, erzählt von meinem Alltag im Büro und mit den Kindern, gelächelt, geredet. Stumm wie ein Fisch sitzt er da, starrt in seinen blöden Meeresfrüchtesalat und kriegt das Maul nicht auf. Hast du was? Er antwortet nicht, sieht abwesend im Restaurant umher, als befände er sich auf dem Flughafen. Bin nur müde, brummt er. Ich hätte gute Lust, ihm mein Lachscarpaccio über die Rübe zu hauen. Was glaubt er denn, wie ich mich fühle? Im Taxi bin ich kurz eingenickt, das gebe ich zu. Aber trotz aller Erschöpfung strenge ich mich an, dem allabendlichen Trott die Stirn zu bieten, kämpfe wie ein Löwe um ein wenig zivilisierte Konversation. Nur ein paar Sätze. Ist das denn zu viel verlangt?

Ich weiß nicht, wie sie das durchhält. Den ganzen Vormittag redet sie im Büro und dann nachmittags mit den Kindern, und abends will sie immer noch reden. Richtig reden, nennt sie das. Ich habe einfach nicht ihre Energie. Fühle mich wie ein warmes Cola. Verdammt. Es sollte ein schöner Abend werden.

Warum kann ich nicht so sein wie der Typ am Nebentisch? Jung, dynamisch, frisch und ausgeruht schwatzt er intensiv auf seine Partnerin ein. Ich weiß nicht, aber Männer, die so viel reden, sind mir suspekt.

Früher, als wir noch das ganze Wochenende im Bett liegen konnten und ich nicht schon um acht Uhr mit irgendwelchen Playmobilmännchen über den Teppich kriechen musste, habe ich, glaube ich, mehr geredet. Die Dame am Nebentisch schweigt ein bisschen viel. Jetzt senkt sie den Kopf so tief über ihren Teller, dass ich den sauber gezogenen Scheitel sehen kann, der Mann fasst sie am Arm, sie schüttelt ihn ab, springt auf, wirft die Serviette in ihren Salat und marschiert im Sturmschritt auf die Toilette. Der Mann ist ein wenig rot geworden, vorsichtig sieht er sich um, unsere Blicke treffen sich, ich nicke ihm zu.

Eine Frau kommt weinend hereingestürmt. O Gott, stöhnt sie in den Spiegel, und warum heulen Sie? Ich zucke die Achseln. Es sollte ein schöner Abend werden. Welches Mascara nehmen Sie? Absolut wasserfest, sage ich. Meins auch, sagt sie. Wir lächeln uns schüchtern zu und tupfen uns die verschmierte Wimperntusche aus dem Gesicht. Ich bin abends fix und fertig, sagt sie in den Spiegel, ich kann noch nicht mal mehr muh sagen. Und er will sich unterhalten. Aber mein Kopf ist abends so leer wie ein ausgepustetes Ei. Nichts mehr drin. Kein einziger Satz. Das macht noch unsere Beziehung kaputt, schnieft sie.

Sie strengen sich einfach nicht genug an, sagt er und signalisiert dem Kellner, seine Teller und sein Glas an unseren Tisch zu bringen. Doch, widerspreche ich, aber meine Kraft reicht abends noch fürs Vorlesen für die Kinder, dann falle ich auf die Couch und mache den Fernseher an. Tut mir leid. Nicht anders als mein Vater. Aber Fernsehen kann durchaus meditativ sein.

Aha, sagt er.

Wenn es richtig schlecht ist. Das ist wunderbar. Ich versenke mich in diese gigantische Idiotie und nach ein paar

Stunden stimmt mich das durchaus heiter. Nur reden kann ich nichts.

Sollten wir sie vielleicht holen?, fragt er.

Wie die Deppen vor der Klotür stehen und winseln: Kommt doch bitte raus?, wende ich ein. Außerdem reden wir gerade so nett.

Da haben Sie recht, sagt er.

Beine hoch, Glotze an, sagt sie. Nicht denken, nicht reden, nur glotzen. Wunderbar. Und dann sitzt er stumm und beleidigt neben mir und sieht mich von der Seite vorwurfsvoll an.

Sollten wir vielleicht rausgehen, schlage ich vor.

Ach, sagt sie, ich weiß nicht, wir reden gerade so nett.

Anna Gavalda
Dieser Mann und diese Frau

Dieser Mann und diese Frau sitzen in einem ausländischen Wagen. Der Wagen hat dreihundertzwanzigtausend Franc gekostet, doch seltsamerweise war es vor allem der Preis der Kraftfahrzeugsteuer, der den Mann beim Händler hatte zögern lassen.

Der rechte Vergaser funktioniert nicht richtig. Das macht ihn fast wahnsinnig.

Am Montag wird er seine Sekretärin bitten, bei Salomon anzurufen. Einen Moment lang denkt er an die Brüste der Sekretärin, ganz kleine. Er hat noch nie mit seinen Sekretärinnen geschlafen. Das ist primitiv, und man kann heutzutage viel Geld dabei verlieren. Im Übrigen betrügt er seine Frau nicht mehr, seit er und Antoine Say sich einmal den Spaß gemacht haben, beim Golfspielen ihre jeweiligen Unterhaltszahlungen auszurechnen.

Sie sind auf dem Weg zu ihrem Wochenendhaus auf dem Land. Einem wunderschönen Anwesen in der Nähe von Angers. Phantastisch geschnitten.

Sie haben es zu einem Spottpreis erstanden. Die Renovierungsarbeiten allerdings...

Holztäfelungen in allen Zimmern, ein Kamin, der erst auseinandergenommen und dann Stück für Stück wieder zusammengesetzt wurde, in den sie sich bei einem englischen Antiquitätenhändler auf Anhieb verliebt hatten. An den Fenstern schwere Stoffe, mit Raffhaltern befestigt. Eine hochmoderne Küche, Handtücher aus Damast und Arbeitsflächen aus grauem Marmor. So viele Bäder wie Schlafzimmer, wenig Möbel, aber alle echt. An den Wänden zu große Rahmen mit zu viel Gold für die Kunstdrucke aus dem 19. Jahrhundert, vorwiegend mit Jagdmotiven.

Alles wirkt ein wenig neureich, zum Glück merken sie es nicht.

Der Mann trägt Freizeitkleidung, eine alte Tweedhose und einen himmelblauen Kaschmirpullover (ein Geschenk seiner Frau zu seinem Fünfzigsten). Seine Schuhe sind von John Lobb, für nichts auf der Welt würde er seinen Lieferanten wechseln. Natürlich sind seine Strümpfe aus edelster Wolle und gehen bis über die Waden. Natürlich.

Er fährt relativ schnell. Er ist nachdenklich. Sobald sie da sind, wird er das Hausmeisterehepaar aufsuchen, um mit ihnen über das Anwesen, den Hausputz, das Auslichten der Buchen und die Wilderei zu reden … Wie er das hasst.

Er hasst es, wenn man ihn verarscht, und genau das ist bei den beiden der Fall, die sich am Freitagmorgen lustlos an die Arbeit machen, weil die Hausherren am Abend eintreffen und sie den Eindruck vermitteln wollen, etwas getan zu haben.

Er sollte sie vor die Tür setzen, aber im Augenblick hat er dafür wahrlich nicht die Zeit.

Er ist müde. Seine Geschäftspartner kotzen ihn an, er schläft fast nicht mehr mit seiner Frau, seine Windschutzscheibe ist voller Mücken, und sein rechter Vergaser funktioniert nicht richtig.

Die Frau heißt Mathilde. Sie ist hübsch, aber in ihrem Gesicht stehen die ganzen Entbehrungen ihres Lebens geschrieben.

Sie hat immer gewusst, wann ihr Mann sie betrogen hat, und sie weiß auch, dass es am Geld liegt, wenn er es jetzt nicht mehr tut.

Sie führt das Leben einer Toten, und sie wird immer ganz schwermütig auf den unendlich langen Hin- und Rückfahrten am Wochenende.

Sie überlegt, dass sie nie geliebt worden ist, sie überlegt, dass sie keine Kinder bekommen hat, sie denkt an den kleinen Jungen der Hausmeisterin, der Kevin heißt und im Januar drei wird. Kevin, was für ein schrecklicher Vorname. Wenn sie einen Sohn gehabt hätte, hätte sie ihn Pierre genannt, nach ihrem Vater. Sie erinnert sich noch an diesen grässlichen Streit, als sie von Adoption gesprochen hatte. Aber sie denkt auch an das hübsche grüne Kostüm, das sie kürzlich im Schaufenster von Cerrutti gesehen hat.

Sie hören Fip. Fip ist nicht schlecht: klassische Musik, die man dankbar schätzt, Musik aus aller Welt, die einem das Gefühl gibt, offen zu sein, und kurze Nachrichtenspots, die dem Elend kaum die Zeit lassen, ins Wageninnere zu dringen.

Sie haben gerade die Mautstelle passiert. Sie haben noch kein einziges Wort gewechselt und haben noch eine weite Strecke vor sich.

Péter Esterházy
Eine Frau

Es gibt eine Frau. Ihr geht es mit mir wie mir mit ihr, sie hasst mich, liebt mich. Wenn sie mich hasst, liebe ich sie, wenn sie mich liebt, hasse ich sie. Einen anderen Fall gibt es nicht.

Anthony McCarten
Die Italienerin

Ich spreche kein Italienisch. Habe nicht viel Ahnung von Italienern. Das sollte zu Anfang gesagt sein. Ich erinnere mich an einen Sommer in der Dordogne. Riberac. Eine Rucksacktouristin in einem Café. Luna. Wir tanzten und gingen danach in meine Pension. Tolles Mädchen. Doch bei Sonnenaufgang stand sie auf – sie müsse für zwei Tage zu einem Freund, nach Chartres. Ihr Mobiltelefon ließ sie da.

Ich war krank vor Eifersucht, weil ein anderer jetzt Lunas wunderbaren Körper unter sich hatte, oder über sich – das ganze Elend eben –, und lag die ganze Nacht wach. Frühmorgens ging das Telefon, Lunas Telefon. Ein Hechtsprung – ich sah gerade noch einen Namen auf dem Display, nicht ihren, sondern: Sveglia.

Ich: Hallo?

Schweigen am anderen Ende.

Ich: Hallo? Wer ist da? (Blick auf die Uhr. 8.05.) Luna, bist du's? (Schweigen.)

Den Tag verbrachte ich in der Gegend von Cahors. Der Fluss. Die Stadt. Die Höhlen mit ihren 30 000 Jahre alten Zeichnungen. Dann mit ein paar Flaschen Rotwein zurück nach Riberac. Meine Pension kam mir jetzt hässlich vor. Ich überlegte, ob ich in eine andere umziehen sollte – aber würde Luna mich dort finden?

Am nächsten Morgen, gleiche Zeit, wieder das Telefon.

Ich: Hör mal, wenn du Luna willst, die ist nicht da. Sveglia – bist du das? Ich kann dich nicht hören. Was rufst du dauernd hier an?

Luna kam nicht zurück. Nicht an diesem Tag und auch nicht am nächsten. Und jeden Morgen dasselbe – das Telefon klingelt, ein Name auf dem Display. Sveglia. Aber Sveglia sagt keinen Ton.

Ich: Hallo? (Schweigen.) Luna, bist du's? (Schweigen.) Sveglia? Scheiße. Lass mich in Ruhe!

Nach vier Tagen kam Luna zurück. Ich blickte aus dem Fenster und sah meine Luna, wie sie die Straße heraufkam und dann beim Blumenhändler stehenblieb. Ich packte ihr Mobiltelefon und stürzte die Treppe hinunter.

Ich: Wer ist er? Wer ist Sveglia?

Sie: Wovon redest du?

Ich: Wer ist Sveglia? Dein Telefon, es hat jeden Morgen geklingelt. Irgendein Kerl. Ich weiß, was gespielt wird!

Noch heute, nach all den Jahren, sehe ich noch Lunas plötzliches Stirnrunzeln, höre ihr Lachen.

Ich drehte mich um und ging wütend davon. Aber sie rief mir etwas nach. Sveglia, *sveglia*? (Sie lachte schon wieder.) – Oh Gott, bleib stehen. Weißt du denn nicht, dass — *sveglia* ist doch das italienische Wort für Wecker. Ah, *che carino*. Komm zurück. Ach du süßer Junge!

Jean-Jacques Sempé
Symbiose

Unser Glück war grenzenlos, geradezu kosmisch. Wir hatten beide das Bedürfnis, es mitzuteilen, wir wollten irgendjemandem zuschreien, wie glücklich wir waren. Aber wem? Wer unter unseren Freunden hätte diese Tiefe verstehen, wer diese Höhenflüge nachempfinden können? Und dennoch drängte unser Glück nach Ausdruck. Ich brachte einige Gedanken darüber zu Papier, Laura verstand sie nicht. Sie malte ein Bild, das mich völlig aus der Fassung brachte. Seitdem begegnen wir uns mit dem größten Misstrauen.

Andrea Camilleri
Die Fußfalle

Die Fußfalle war ein brutales Spiel, das wir im Sommer am Strand trieben. Wir gruben, unbeobachtet, eine Vertiefung von ungefähr sechzig Zentimetern in die Erde, der Umfang entsprach der Größe eines Fußes. Der obere Rand wurde mit dünnen Holzstöckchen bedeckt und darauf eine Zeitungsseite gelegt, die wiederum unter einer dünnen Sandschicht verschwand. Auf diese Weise konnte man das Loch, die Grube, nicht mehr erkennen, und irgendwann würde schon jemand hineintappen.

Als ich fünfzehn war, verliebte ich mich in Cettina Infantino, und sie gab mir zu verstehen, dass sie meine Gefühle für sie mochte. Natürlich nicht mit Worten, dazu gab es überhaupt keine Gelegenheit, das wäre auch nicht gebilligt worden. Wir begnügten uns mit langen, schmachtenden Blicken.

Als der Sommer kam, vertraute ich die Geschichte meinen beiden Freunden an, und die drangen darauf, dass ich mich Cettina gegenüber nun mit Worten »erklären« müsse. So kam es, dass mir eines Tages, als die Eltern und Geschwister gerade im Meer badeten, meine Freunde klarmachten, dies sei jetzt der richtige Augenblick: Sie zeigten mir einen verschlungenen Weg zwischen Liegestühlen, Sonnenschirmen und Umkleidekabinen, damit man mich nicht sehen konnte. Ich wollte ganz zwanglos wirken, kaufte beim Eismann ein Eis und machte mich auf zu dem Mädchen, und zwar genau auf dem mir vorgegebenen Weg. Ich brauche wohl nicht ausdrücklich zu sagen, dass die beiden mir eine Fußfalle vorbereitet hatten, und wenige Meter von Cettina entfernt brach ich ein, das Eis landete in meinem Gesicht, und das Mädchen schüttelte sich vor Lachen. Das war das Ende unserer Liebe. Ein paar Monate später zog Cettina in eine andere Stadt und ich, nach dem Studium, ebenfalls.

Im vergangenen Jahr habe ich sie am Meer bei uns wiedergesehen, sie spielte mit ihrem Enkel. Auch sie gab zu erkennen, dass sie mich wiedererkannt hatte. Da stand ich auf, um zu ihr hinüberzugehen und sie zu begrüßen, und während ich auf sie zuging, fegte ihr Lächeln, das sich nur unter Mühe nicht in ein großes Lachen verwandelte, von unseren Schultern über fünfzig Jahre unseres Lebens hinweg.

John Updike
Pygmalion

Was er an seiner ersten Frau mochte, war ihr Talent, Leute nachzuahmen. Nach einer Party, ob nun einer eigenen oder der eines anderen Paares, pflegte sie für ihn wiederaufleben zu lassen, was sie erlebt hatte – die Gesichter, die Stimmen –, und sie verzog ihren hübschen Mund zu kleinen Grimassen, die für einen verwirrenden Moment eine abwesende Bekannte zu vergegenwärtigen vermochten. »Also, wenn ich mir *wirfflich* – wie spricht Gwen? – wenn ich mir *wirfflich* etwas aus Konserffation machen würde –« Und er, der Ehemann, lachte und lachte, obwohl Gwen insgeheim seine Geliebte war und seine zweite Frau werden würde. Was er an *ihr* mochte, war ihre Lebhaftigkeit im Bett, und was er an seiner ersten Frau nicht mochte, war die Art, wie sie darum bat, dass er ihr den Rücken rubbelte, und wie sie dann, unter seinen knetenden Händen, Nacht für Nacht in Schlaf sank.

In den ersten Jahren der neuen Ehe pflegte er nach seiner und Gwens Heimkehr von einer Party unbewusst darauf zu waren, dass die Imitationen, das Rekapitulieren begännen. Er soufflierte sogar: »Was hältst du vom Bruder unseres Gastgebers?«

»Oh«, sagte Gwen dann schlicht, »er scheint sehr nett zu sein.« Und weil sie mit weiblicher Intuition spürte, dass er mehr erwartete, fügte sie noch hinzu: »Harmlos. Vielleicht ein bisschen steif.« Ihre Augen blitzten, da sie aus seinem erwartungsvollen Schweigen eine unausgesprochene Forderung heraushörte, und mit ihrem rührend-kindlichen Sprachfehler sprudelte sie hervor: »Was willst du denn nun wirfflich hören?«

»Oh, nichts. Nichts. Es ist nur – also, Marguerite ist ihm mal vor ein paar Jahren begegnet, und es hat sie umgehauen, was für ein pompöser Schwachkopf er war. Allein die Art, wie er an seinem Pfeifenstiel nuckelt und jede Bemerkung mit ›Können Sie mir folgen?‹ beendet.«

»Mir kam er ausgesprochen angenehm vor«, sagte Gwen frostig und kehrte ihm den Rücken, um ihr silbriges, hautenges Partykleid abzustreifen. Während sie es über die Hüften hinabschlängeln ließ, wandte sie den Kopf und fügte trotzig hinzu: »Er wusste zum Beispiel eine *Menge* über Steueroasen.«

»Darauf wette ich«, spottete Pygmalion schwächlich vom Ehebett her, betäubt vom Anblick seiner frontal und nackt auf ihn zukommenden Frau. »Es ist schrecklich spät«, warnte er sie.

»Ach, komm schon«, sagte sie, als das Licht aus war.

Die erste Person, die Gwen imitierte, war Marvin, Marguerites zweiter Ehemann; sie standen sich unerwartet auf einem »Rettet die Wale«-Wohltätigkeitsball gegenüber, zu dem völlig wahllos Einladungen verschickt worden waren. »Oh-ho-ho«, dröhnte sie nachher in der Privatheit ihres Schlafzimmers, »Sie also sind mein nobler Vorgänger!« In einem Beiseite fügte sie hinzu: »Nobel, dieser Arsch! Er hasst dich so sehr, dass du ihn angemacht hast.«

»Hab ich das?«, fragte er. »Ich fand, er hat sich bei diesem Zusammentreffen, das ziemlich peinlich hätte werden können, sehr nett aus der Affäre gezogen.«

»Ja, in der *Taat*«, stimmte sie zu, den kernigen Marvin imitierend, und einen verwirrenden Moment lang erlaubte sie dem leicht glasigen und schlaffen Ausdruck betonter Benevolenz jenes Mannes ihre sonst so niedlichen runden Gesichtszüge einzunehmen. »Bei *uns* gibt es nichts Peinliches, ho, ho«, fuhr sie fort, angespornt durch das Gelächter ihres Ehemannes. »Aber sagen Sie mal, alter Junge, wie *kommt* es, dass Ihr Unterhaltsscheck für die Kinder *nie* pünktlich eintrifft?«

Er lachte und lachte, entzückt, seine Braut jenen Punkt erreichen zu sehen, der für ihn echte Weiblichkeit ausmachte – ein weiches, plastisches Gespür für die menschliche Umgebung, ein feinfühliges Reagieren, das durch die Strömungen der Natur selbst mal in diese, mal in jene Richtung gelenkt wird. Er vermochte die Welt nicht zu erkennen, war seine Furcht, wenn nicht eine Frau sie für ihn übersetzte. Von nun an, wenn sie von einem Zusammensein nach Hause kamen und er fragte, was sie von dem Soundso hielte, blieb Gwen in ihrer Unterwäsche stehen und dachte nach, als stände sie auf einer Bühne. »A-also, mein Lieber«, verkündete sie flötend in plötzlicher Parodie, »wäre da nicht Portugal, es gäbe *werklich* kein *erträkliches* Land mehr in Europa.«

»Also hör mal!«, protestierte er dann, entzückt über ihre Art und Weise, wie ihr hübsches Gesicht sich zu einer mutwilligen, snobistischen Jockeyfratze verzog.

»Wie macht sie es nur?«, fragte Gwen, als hätte sie professionelle Absichten. »Irgendetwas mit dem Kinn. Als ob sie das Kinn von einer Seite auf die andere rollt, ohne die Zähne auseinanderzunehmen.«

»Genau, du hast es getroffen!«, applaudierte er.

»Natürlich *wessen* Sie«, fuhr sie mit der angenommenen Stimme fort, »einst gab es da noch Griechenland, aber *inzweschen*, mit all diesen furchtbaren *Muselmaanen*…«

»O ja, ja!«, rief er. Sein Gesicht schmerzte, weil er so heftig und so voller Stolz lachte. Sie war für ihn vollkommen geworden.

Im Bett meinte sie: »Es ist schrecklich spät.«

»Soll ich dir den Rücken rubbeln?«

»Mmm. Das wäre *wirfflich* nett.« Während seine linke Hand die glatte, warme, schmiegsame Oberfläche knetete, entglitt seine Frau – jenes kleine Etwas in ihr, das ganz ihr gehörte – seinem Zugriff; Nacht für Nacht sank sie in Schlaf.

Franz Hohler
Das Blatt

Eine Ameise schleppt mit Mühe ein Blatt von weither zu ihrem Ameisenhaufen.

Wie sinnlos, denkst du, direkt beim Ameisenhaufen ist der Boden doch voll von solchen Blättern.

Was du nicht weißt: dieses Blatt ist ein Liebesbrief, den die Ameise einer anderen bringt, und würde sie einfach neben dem Haufen ein Blatt auflesen, wäre es kein Liebesbrief, denn die wirkliche Liebe kommt von weither.

Heinrich von Kleist
Der Kuss

Ein junger Doktor der Rechte und eine Stiftsdame, von denen kein Mensch wusste, dass sie miteinander in Verhältnis standen, befanden sich einst... in einer zahlreichen und ansehnlichen Gesellschaft. Die Dame, jung und schön, trug, wie es zu derselben Zeit Mode war, ein kleines schwarzes Schönheitspflästerchen im Gesicht, und zwar dicht über der Lippe, auf der rechten Seite des Mundes. Irgendein Zufall veranlasste, dass die Gesellschaft sich auf einen Augenblick aus dem Zimmer entfernte, dergestalt, dass nur der Doktor und die besagte Dame darin zurückblieben. Als die Gesellschaft zurückkehrte, fand sich zum allgemeinen Befremden derselben, dass der Doktor das Schönheitspflästerchen im Gesicht trug; und zwar gleichfalls über der Lippe, aber auf der linken Seite des Mundes.

Martin Suter
Die Frau hinter Hostettler

Maja Hostettler ist Hostettlers engste Beraterin, wenn es um Fragen geht, die im weitesten Sinn karriererelevant sind. Jeden Abend, an dem er nicht beruflich verhindert ist, berichtet er ihr detailliert über die Kollegen, Konkurrenten und Vorgesetzten, die sein Weiterkommen auf die eine oder andere Art beeinflussen könnten. Sie hört ihm aufmerksam zu und gewichtet die Informationen aus ihrer – der weiblich-intuitiven – Sicht. Sie kennt das berufliche Umfeld ihres Mannes inzwischen genauso gut wie er und weiß, ob ihm jemand eine Information aus Versehen oder mit Absicht vorenthalten hat, wie er auf das Fehlen seines Namens auf der Präsenzliste eines Sitzungsprotokolls reagieren soll und welche Krawatte sowohl zu seinem Anzug als auch zu seinen Terminen passt. Hostettlers Karriere ist zwar nicht gerade steil verlaufen. Aber dass sie wenigstens keine Knicke aufweist, hat er vor allem Majas Beratung zu verdanken.

Diese ist gerade jetzt wieder sehr gefragt, wo Hostettler bei der fälligen Beförderung zum Mitglied des Direktoriums übergangen wurde.

»Vielleicht bist du zu farblos«, sagt Maja beim Essen.

»Farblos?«, fragt Hostettler und schaut an sich herunter. Die Krawatte kann sie nicht meinen.

»Du trinkst nicht, rauchst nicht, hast keine Freundin.«

»Aber das spricht doch eher für mich, sollte man meinen.«

»Nicht in den Augen von Wellauer.«

»Ich kann doch wegen dem nicht anfangen zu saufen und zu schloten«, protestiert Hostettler.

Maja schüttelt den Kopf.

»Du meinst…?«

Maja hebt die Schultern. »Sie kann ja auch nur vorgetäuscht sein.«

»Und das würde dir nichts ausmachen?«

»Wenn es deine Ausgangslage bei Wellauer verbessert, habe ich ja auch etwas davon.«

Hostettler beginnt also mit Majas Hilfe eine Affäre vorzutäuschen. Er turtelt mit ihr vor Zeugen am Telefon, nennt sie »Mäuschen« und verabredet sich für den Abend. Dann ruft er sie vor den gleichen Zeugen wieder an, nennt sie »Maja« und bittet sie, nicht mit dem Essen auf ihn zu warten, »ein Meeting mit *open end*«.

Es dauert nicht lange, bis es sich herumgesprochen hat. Schon nach ein paar Tagen kann er Maja rapportieren, dass ihm Wellauer nach Feierabend in der Tiefgarage aus dem offenen Fenster seines BMW augenzwinkernd »schönes *open end*« zugerufen hat.

Maja doppelt sofort nach. Hostettler muss sich jeden Freitag im ›Hilton‹ ein Doppelzimmer mieten und Champagnerimbisse für zwei ins Zimmer kommen lassen. Die Rechnung muss er jeweils mit der Firmenkreditkarte bezahlen und in der Buchhaltung verschwörerisch rückerstatten, »bevor sie auf Wellauers Schreibtisch landet«.

Fast täglich kann er Maja jetzt von Fortschritten in seiner Beziehung zu Wellauer berichten. Dessen frühere Distanz ihm gegenüber ist einer fast freundschaftlichen Vertraulichkeit gewichen.

An einem Freitag, sechs Wochen nach Beginn der »Affäre«, ist sich Hostettler seiner Sache so sicher, dass er das fingierte Schäferstündchen im ›Hilton‹ spontan abbricht und schon um zehn nach Hause fährt.

Vor dem Gartentor parkt Wellauers BMW.

Dave Eggers
Ich werde dich immer lieben

Der Mann, Mitte 40 und mit Namen Billy, hat gerade in der Zeitung gelesen, dass Dolly Parton 57 geworden ist, und damit sind sein Vormittag und der Tag und die Nacht und die Woche ruiniert.

Richard Brautigan
Frauen, wenn sie am Morgen
ihre Kleider anziehen

Es ist wirklich eine wunderschöne Umkehrung und Umwertung, wenn Frauen am Morgen ihre Kleider anziehen: Sie ist noch ganz neu, und du hast noch nie zuvor gesehen, wie sie sich anzieht.

Ihr liebt euch, und ihr habt miteinander geschlafen, und es gibt nichts mehr, was man da noch tun kann, also ist es Zeit für sie, ihre Sachen anzuziehen.

Vielleicht habt ihr schon gefrühstückt, und sie ist in ihren Pullover geschlüpft, um ein schönes, pullovernacktes Frühstück zu machen (ihr schöner, warmer Körper bewegt sich leise in der Küche), und ihr habt beide lange über Rilkes Lyrik diskutiert, über die sie, für dich überraschend, eine Menge wusste.

Aber jetzt ist es Zeit für sie, ihre Sachen anzuziehen, weil ihr alle beide schon so viel Kaffee getrunken habt, dass ihr nichts mehr trinken könnt, und es ist Zeit für sie, nach Hause zu gehen, und es ist Zeit für sie, zur Arbeit zu gehen, und du willst allein bleiben, weil du im Haus was zu tun hast, und ihr geht zusammen raus und macht einen schönen Spaziergang, und es ist Zeit für *dich*, nach Hause zu gehen, und es ist Zeit für *dich*, zur Arbeit zu gehen, und sie will im Haus noch was tun.

Oder… vielleicht ist es sogar Liebe.

Aber egal: Es ist Zeit für sie, ihre Sachen anzuziehen, und es ist sehr schön, wenn sie es tut. Ihr Körper verschwindet allmählich, und es sieht hübsch aus, wenn er völlig bekleidet wieder zum Vorschein kommt. Das Ganze hat etwas Jungfräuliches. Sie hat ihre Sachen an, und der Anfang ist vorbei.

Ingrid Noll
Annika

Gegen einen gewissen Kalauer bin ich allergisch, denn jeder meiner bisherigen Freunde meinte, ihn erfunden zu haben. Schon mein Stiefvater witzelte, als ich eine Klassenkameradin mit nach Hause brachte: »Und das ist also Pippi Langstrumpf!«

Meinen Vornamen Annika verdanke ich – wie sollte es anders sein – meiner Mutter, die 1974 als Au-pair-Mädchen nach Schweden ging. Aufgewachsen in einem hinterwäldlerischen Pfarrhaus, hatte sie wohl bis zum Abitur wie in einem vergangenen Jahrhundert gelebt, obwohl sie das bestreitet. Jedenfalls bekam sie von meiner Oma keine Pillenpackung mit auf den Weg, sondern einen Koffer voller Monatsbinden. Was Wunder, dass sie die Hälfte des Vorrats wieder mit nach Hause schleppte und zusätzlich noch ein kleines Souvenir. Die Überlegung ist müßig, ob ich eine spanische Anita oder eine slawische Anuschka geworden wäre, wenn Mutter mich aus einem anderen europäischen Land importiert hätte.

Für den schüchternen Tommy, der Kalauer hasst, begann ich mich erst dann zu interessieren, als er mir sozusagen ein Ständchen brachte. Rein äußerlich hätte er mich wohl kaum beeindruckt, denn Tommy ist ein rotblonder Typ und hat mit seinen 33 Jahren bereits einen gelichteten Haaransatz. Auf der Geburtstagsfete einer Kollegin, die im Stil der fünfziger Jahre gefeiert werden sollte, erhielt er bei kindischen Pfänderspielen eine peinliche Aufgabe. Tommy wurde rot und wusste nicht, was er singen sollte. Passend zum Motto des Abends riet man zu den Capri-Fischern, stattdessen wählte er aber ein Lied, das wahrscheinlich ein paar hundert Jahre älter ist. Bei seiner schamhaft dargebotenen Solonummer schaute er immer nur mich an. Sein *Ännchen von Tharau* trieb mir fast das Wasser in die Augen, ich hätte meinen schwedischen Namen am liebsten eingedeutscht.

Am Sonntag nach der Party lag ich leicht verkatert auf einer Wiese im Englischen Garten und döste gen Himmel. Über mir sammelten und ballten sich weiße Sommerwolken, nahmen Gestalt an und formten Tommys Gesicht; skrupellos griff ich nach dem nächstbesten Gänseblümchen. Das Orakel war eindeutig.

Als ich innerlich beschlossen hatte, mich in ihn zu verlieben, ging ich sofort in die Offensive und sorgte dafür, dass er am nächsten Sonntag neben mir im Gras lag. Natürlich ist es immer etwas umständlich, einen scheuen Mann aus der Reserve zu locken.

»Du siehst aus wie ein Ire«, sagte ich, während ich zählend auf seine Sommersprossen tippte.

Tommy lächelte. »Dich würde man auch nicht für ein Münchner Mädel halten!«

»Kunststück, mein Vater ist Schwede«, sagte ich.

»Meiner auch«, sagte er.

»Meiner heißt Gunnar Ottoson«, fuhr ich fort.

»Meiner auch«, wiederholte Tommy, und wir starrten uns misstrauisch an. Sahen wir uns etwa ähnlich? Ganz im Gegensatz zu mir wusste Tommy, dass sein Vater in Göteborg lebte.

Am Abend rief ich meine Mutter an.

»Wo wohnt mein Papa?«, fragte ich vorsichtig, denn dieses Thema war schon immer ein großes Tabu in unserer Familie. Jedes Mal, wenn ich Näheres über den unbekannten Erzeuger erfahren wollte, wurde meine Mutter weinerlich. Auch jetzt fing sie an zu schluchzen. Immerhin erfuhr ich, dass sie den verheirateten Gunnar auf der Göteborger Buchmesse kennengelernt hatte. Das gefiel mir gar nicht.

Tragischerweise musste ich mir Tommy jetzt aus dem Sinn schlagen, und zwar am besten, bevor es zum Inzest unter Geschwistern kam. Ich schrieb ihm einen schicksalsschweren Brief und offenbarte ihm sowohl meine Liebe als auch die Trauer über ihre Ausweglosigkeit.

Als der zurückhaltende und rührend altmodische Tommy mein Geständnis las, war er überglücklich. Ohne mühselig werben zu müssen, hielt er einen schriftlichen Beweis meiner Gefühle in Händen und konnte seinerseits freudig zugeben, dass er ein wenig geflunkert hatte. Göteborg hatte er gesagt, weil er außer Stockholm keine andere Stadt in Schweden kannte. Sein Vater hieß in Wahrheit Herbert und stammte aus Bremen.

Haruki Murakami
Wie ich eines schönen Morgens im April das 100%ige Mädchen sah

Vor langer langer Zeit waren einmal ein Junge und ein Mädchen. Der Junge war achtzehn, das Mädchen sechzehn Jahre alt. Der Junge sieht nicht besonders gut aus, und auch das Mädchen ist nicht besonders hübsch. Ein einsamer und gewöhnlicher Junge und ein einsames und gewöhnliches Mädchen, wie man sie überall findet. Doch glauben sie fest daran, dass es irgendwo auf dieser Welt ein Mädchen oder einen Jungen gibt, der 100%ig zu ihnen passt. Ja, sie glaubten an ein Wunder. Und dieses Wunder geschah.

Eines Tages begegnen sich die beiden zufällig an einer Straßenecke.

»Unglaublich«, sagt der Junge zu dem Mädchen, »ich habe dich schon die ganze Zeit gesucht! Ob du's glaubst oder nicht, du bist für mich das 100%ige Mädchen.«

Und das Mädchen erwidert: »Und du bist für mich der 100%ige Junge. Genau wie ich ihn mir vorgestellt habe. Es ist wie im Traum.«

Die beiden setzen sich auf eine Parkbank, halten sich an den Händen und reden in einem fort, ohne dass ihnen langweilig wird. Sie sind nicht mehr einsam. Sie haben ihren 100%igen Partner gefunden und sind von ihm gefunden worden. Seinen 100%igen Partner zu finden und von ihm gefunden zu werden, ist etwas ganz Außerordentliches. Ein Wunder des Kosmos.

Aber ihre Herzen durchfährt ein kleiner, ganz kleiner Zweifel. Durfte ihr Traum so einfach in Erfüllung gehen? Als das Gespräch einmal abbricht, sagt der Junge:

»Wir wollen uns nur einmal noch auf die Probe stellen. Wenn wir wirklich 100%ig füreinander geschaffen sind, werden wir uns bestimmt irgendwann irgendwo wiederbegegnen. Beim nächsten Mal wissen wir, dass wir 100%ig füreinander bestimmt sind, und wollen sofort heiraten. Einverstanden?«

»Einverstanden«, antwortet das Mädchen.

Und so trennten sie sich. Nach Westen und nach Osten. Doch es war in Wirklichkeit vollkommen unnötig, das Schicksal auf die Probe zu stellen. Sie hätten es nicht tun dürfen. Sie waren wirklich 100%ig füreinander bestimmt. Ihre Liebe war ein Wunder. Da sie aber noch zu jung waren, konnten sie es nicht wissen. Und so wurden sie von der immerwährenden, unbarmherzigen Welle des Schicksals fortgerissen.

Eines Tages im Winter erkrankten beide an einer in jenem Jahr grassierenden schweren Grippe. Wochenlang schwebten sie zwischen Leben und Tod, und als sie wieder genesen waren, war ihr Gedächtnis an ihr früheres Leben ausgelöscht. Wie soll ich es sagen, als sie wieder aufwachten, waren ihre Köpfe so leergefegt wie die Spardose des jungen D. H. Lawrence.

Aber da er ein intelligenter und ausdauernder Junge und sie ein intelligentes und ausdauerndes Mädchen war, scheuten sie keine Mühe, erwarben von neuem Bewusstsein und

Gefühle und kehrten erfolgreich in die Gesellschaft zurück. Ja, bei Gott, sie waren richtig ordentliche Bürger. Sie wussten, wie man in der U-Bahn korrekt umsteigt und wie man bei der Post einen Eilbrief aufgibt. Sie liebten auch, mal 75 %, mal 85 %.

Der Junge war zweiunddreißig, das Mädchen war dreißig geworden. Die Zeit war im Fluge vergangen.

Und eines schönen Morgens im April geht der Junge von Westen nach Osten durch eine kleine Seitenstraße in Harajuku, um einen Kaffee zu trinken, und das Mädchen geht, um Briefmarken für einen Eilbrief zu kaufen, die gleiche Straße von Osten nach Westen. In der Mitte der Straße kommen sie aneinander vorbei. Für einen Moment blitzt der schwache Schein verlorener Erinnerung in ihren Herzen auf. Es dröhnt in ihrer Brust. Und sie wissen.

Sie ist für mich das 100%ige Mädchen.

Er ist für mich der 100%ige Junge.

Aber der Schein ihrer Erinnerung ist zu schwach, ihre Sprache besitzt nicht mehr die Klarheit wie vor vierzehn Jahren. Beide gehen, ohne ein Wort zu sagen, aneinander vorbei und verschwinden in der Menge. Auf immer.

Eine traurige Geschichte, findest du nicht?

Czesław Miłosz
Aus der Hand lesen

Ein alter Sonderling liebte es, in einem Künstlercafé zu sitzen, in dem auch ein reizendes junges Paar verkehrte, das allem Anschein nach glücklich war. Man fürchtete den Alten ein wenig, zum Teil wegen seiner legendenumwobenen Vergangenheit, doch dazu kam noch, dass er aussah wie ein Hexenmeister und ein auffälliges Interesse für Schwarze Magie und Chiromanti an den Tag legte. Einmal bat ihn die Frau darum, ihnen aus der Hand zu lesen. Da sagte er Folgendes zu ihr: »Dieser Romeo gefällt Ihnen, weil es für Sie schmeichelhaft ist, dass die Gefühle eines so gutaussehenden und vielversprechenden Freundes Ihnen gelten. Aber das, was Sie für seine Liebe halten, ist eigentlich nichts anderes als seine ständige Bemühung, Sie zu lieben. Es gelingt ihm sogar, denn es ist notwendig für das Spiel, das er mit sich selbst spielt. So viel kann ich aus seiner Schicksalslinie erkennen. Ich rate Ihnen entschieden ab, sich fest an ihn zu binden.«

Natürlich half das nichts. Was später geschah, ist zu traurig, um eine Erzählung daraus zu machen.

Jakob Arjouni
Scheidungsgrund

Ein Ehepaar, das sich nach vierundfünfzig Jahren Ehe und drei Kindern einvernehmlich scheiden ließ, gab vor dem Richter als Begründung an, sie hätten herausgefunden, dass sie nicht zueinander passen.

Etgar Keret
Verrückter Kleber

Sie sagte zu mir: »Rühr das nicht an«, und ich fragte: »Was ist das?«

»Das ist Klebstoff«, sagte sie, »ein spezieller Superkleber.« Und ich fragte: »Wozu hast du den gekauft?«

»Weil ich ihn brauche«, stellte sie fest, »ich habe eine Menge Dinge zu kleben.«

»Es gibt doch gar nichts zum Kleben«, regte ich mich auf, »ich verstehe nicht, wozu du diesen ganzen Schwachsinn kaufst.«

»Aus dem gleichen Grund, aus dem du mich geheiratet hast«, antwortete sie wütend, »um Zeit totzuschlagen.«

Ich wollte nicht streiten, also schwieg ich. Auch sie schwieg.

»Ist er gut, dieser Kleber?«, fragte ich. Sie zeigte mir das Bild auf der Packung, auf dem jemand zu sehen war, der verkehrt herum von der Decke herunterhing, nachdem man ihm etwas von dem Klebstoff auf die Schuhsohlen geschmiert hatte.

»Es gibt keinen Kleber, der es fertigbringt, jemanden so festzukleben«, sagte ich, »es ist verkehrt rum fotografiert worden, er steht in echt auf dem Boden. Sie haben einfach einen Kronleuchter am Boden festgemacht, damit es so aussieht, als sei es die Decke. Man sieht es sofort am Fenster von dem Zimmer, der Rolloschalter zeigt in die falsche

Richtung, siehst du?« Ich deutete auf das Fenster auf dem Bild, sie schaute nicht hin. »Schon acht«, sagte ich, »ich muss flitzen.« Ich hob meine Aktentasche auf und küsste sie auf die Wange. »Heute komme ich später heim, weil…«

»Ich weiß«, unterbrach sie mich, »Überstunden.«

Ich rief Michal vom Büro aus an. »Ich kann heute nicht kommen«, sagte ich, »ich muss früh nach Hause.«

»Warum?«, fragte Michal. »Ist was passiert?«

»Nein… eigentlich doch. Ich glaube, sie hat einen Verdacht.« Es herrschte langes Schweigen, ich konnte Michals Atem am anderen Ende der Leitung hören.

»Ich verstehe nicht, warum du mit ihr zusammenbleibst«, flüsterte sie schließlich, »ihr macht nichts zusammen, ihr streitet euch nicht mal mehr. Ich bin außerstande zu begreifen, was euch dazu treibt, weiterzumachen, es gelingt mir einfach nicht zu kapieren, was euch zusammenhält. Ich versteh das nicht«, sagte sie noch einmal, »ich versteh's einfach nicht…«, und begann zu weinen.

»Nicht weinen, Michalein«, sagte ich zu ihr. »Hör mal«, log ich, »es kommt gerade jemand rein, ich muss aufhören. Ich komme morgen, versprochen. Dann reden wir drüber.«

Ich kehrte früh nach Hause zurück. Ich sagte Schalom, als ich die Wohnung betrat, aber niemand antwortete mir. Ich ging von Raum zu Raum. Sie war nirgends. Auf dem Tisch in der Küche fand ich die völlig leere Klebstofftube. Ich versuchte, einen der Stühle zu verrücken, um mich darauf zu setzen. Er bewegte sich nicht. Ich versuchte es wieder. Nicht einmal einen Millimeter. Sie hatte ihn am Boden festgeklebt. Der Kühlschrank ging nicht auf, auch ihn hatte sie zugeklebt. Ich verstehe nicht, warum sie diesen ganzen Unfug angestellt hat, sie war doch immer in Ordnung, ich weiß nicht, was in sie gefahren ist. Ich ging ins Wohnzimmer, um zu telefonieren. Vielleicht war sie zu ihrer Mutter gegangen. Der Hörer ließ sich nicht abnehmen, auch ihn hatte sie angeklebt. Ich trat wütend gegen den Telefontisch und verstauchte mir fast den Fuß. Der Tisch bewegte sich keinen Millimeter. Da hörte ich sie lachen. Das Lachen kam von irgendwo über mir. Ich hob den Kopf, und dort war sie, hing kopfüber, die barfüßigen Sohlen mit der hohen Wohnzimmerdecke verbunden. Ich betrachtete sie entsetzt.

»Sag mal, bis du übergeschnappt?«, fragte ich. Sie antwortete nicht, lächelte bloß. Ihr Lächeln wirkte so natürlich, wie sie da verkehrt herum hing, als dehnten sich die Lippen mühelos allein durch die schiere Zugkraft.

»Keine Angst, ich hole dich runter«, sagte ich und holte die Bücher aus dem Regal. Ich stapelte ein paar Enzyklopädiebände aufeinander und kletterte auf den Haufen.

»Es wird vielleicht ein bisschen weh tun«, sagte ich und versuchte, auf dem Stapel mein Gleichgewicht zu bewahren. Sie lächelte weiter. Ich zog mit aller Kraft, aber nichts passierte. Ich stieg vorsichtig von dem Bücherstapel herunter.

»Keine Angst«, sagte ich, »ich werde von den Nachbarn aus anrufen, um Hilfe zu holen.«

»In Ordnung«, lachte sie, »ich gehe nirgendwohin.« Ich lachte auch. Sie war so hübsch und derart unlogisch, wie sie da verkehrt herum von der Decke hing. Ihr langes Haar baumelte offen nach unten, ihre Brüste waren geformt wie ein Pärchen perlender Wassertropfen unter dem weißen T-Shirt. So schön. Ich stieg auf den Bücherstapel und küsste sie. Ich spürte, wie ihre Zunge die meine traf, wie die Bücher unter meinen Füßen wegrutschten und ich selbst in der Luft schwebte, nichts berührend, nur noch an ihren Lippen hing.

Heinrich Böll
Die Toten parieren nicht mehr

Der Leutnant sagte, wir sollten uns hinlegen, und wir legten uns hin. Es war an einem Waldrand, und die Sonne schien, es war Frühling, alles war still, und wir wussten, dass der Krieg jetzt bald zu Ende war. Die noch Tabak hatten, fingen an zu rauchen, und wir anderen versuchten zu schlafen, denn wir waren müde, hatten seit drei Tagen nicht viel gegessen und viele Gegenstöße gemacht. Es war so wunderbar still, und irgendwo sangen auch Vögel, und die ganze Luft war voll einer sanften, feuchten Zärtlichkeit…

Plötzlich fing der Leutnant an zu brüllen. Er schrie: »He!« Dann wurde er wütend und rief: »He, Sie da!« Und dann wurde er ganz rasend, und seine Stimme überschlug sich: »Eh, Sie, eh, Sie, Sie!«

Und dann sahen wir, wen er meinte. Drüben an der anderen Seite des Waldweges saß jemand und schlief. Es war ein ganz simpler grauer Soldat, der an einen Baum gelehnt schlief; und dieser Soldat lächelte ganz süß mit seinem Sommersprossengesicht, und wir dachten, der Leutnant würde verrückt. Und wir dachten auch, der Schlafende würde verrückt, denn der Leutnant schrie immer mehr, und der Schlafende lächelte immer mehr…

Die angefangen hatten zu rauchen, hörten jetzt auf zu rauchen, und die, die hatten schlafen wollen, waren jetzt sehr wach, und manche von uns lächelten auch. Es war Frühling, mild und süß, und wir wussten, dass der Krieg jetzt bald zu Ende war.

Plötzlich schrie der Leutnant nicht mehr, er sprang auf, setzte mit zwei Schritten über den Waldweg und schlug dem Schlafenden ins Gesicht.

Aber jetzt sahen wir, dass der Schlafende tot war.

Ohne ein Wort zu sagen, fiel er um, und er lächelte nicht mehr: In seinem Gesicht war ein furchtbares Grinsen, und der Leutnant, der blass zurückkam, tat uns gar nicht leid, denn wir hatten keine Freude mehr an der Sonne, keine Lust mehr an dieser sanften, feuchten zärtlichen Frühlingsluft, und es schien uns gleichgültig, ob der Krieg nun zu Ende ging oder nicht. Wir spürten plötzlich, dass wir alle tot waren, auch der Leutnant, denn er grinste jetzt und hatte gar keine Uniform mehr an…

Johann Peter Hebel
Der Rekrut

Zum schwäbischen Kreiskontingent kam im Jahr 1795 ein Rekrut, so ein schöner wohlgewachsener Mann war. Der Offizier fragte ihn, wie alt er sei. Der Rekrut antwortete: »Einundzwanzig Jahr. Ich bin ein ganzes Jahr lang krank gewesen, sonst wär' ich zweiundzwanzig.«

Jorge Luis Borges
Dialog über einen Dialog

A: »Verloren in unserem Gespräch über die Unsterb-
lichkeit hatten wir die Nacht hereinbrechen lassen, ohne
die Lampe anzuzünden. Keiner sah des anderen Gesicht.
Mit Gelassenheit und Milde, die mehr überzeugten als der
Eifer, wiederholte die Stimme von Macedonio Fernández,
dass die Seele unsterblich sei. Er versicherte mir, der Tod
des Leibes sei ganz unbedeutend, und Sterben müsse das
Geringfügigste sein, was einem Menschen widerfahren
könne. Ich spielte mit Macedonios Taschenmesser, klappte
es auf und wieder zu. Ein Akkordeon in der Nachbarschaft
dudelte unermüdlich die Cumparsita, dieses alberne Lied-
chen, das vielen Leuten gefällt, weil man ihnen eingeredet
hat, es sei alt… Ich machte Macedonio den Vorschlag, wir
sollten Selbstmord begehen, um ungestört diskutieren zu
können.«

Z (spöttisch): »Aber ich fürchte, zu guter Letzt habt ihr
euch doch nicht entschlossen.«

A (schon tief im Mystischen): »Offen gesagt kann ich mich
nicht erinnern, ob wir in jener Nacht Selbstmord begangen
haben.«

Ernest Hemingway
Alter Mann an der Brücke

Ein alter Mann mit einer stahlgeränderten Brille und sehr staubigen Kleidern saß am Straßenrand. Über den Fluss führte eine Pontonbrücke, Karren, Lastautos, Männer, Frauen und Kinder überquerten sie. Die von Maultieren gezogenen Karren schwankten die steile Uferböschung hinter der Brücke hinauf, Soldaten halfen und stemmten sich in die Speichen der Räder. Die Lastautos arbeiteten schwer, um aus alldem herauszukommen, und die Bauern stapften in dem knöcheltiefen Staub einher. Aber der alte Mann saß da, ohne sich zu bewegen. Er war zu müde, um noch weiter zu gehen.

Ich hatte den Auftrag, die Brücke zu überqueren, den Brückenkopf auf der anderen Seite auszukundschaften und ausfindig zu machen, bis zu welchem Punkt der Feind vorgedrungen war. Ich tat das und kehrte über die Brücke zurück. Jetzt waren dort nicht mehr so viele Karren und nur noch wenige Leute zu Fuß, aber der alte Mann war immer noch da.

»Wo kommen Sie her?«, fragte ich ihn.

»Aus San Carlos«, sagte er und lächelte.

Es war sein Heimatort, und darum machte es ihm Freude, ihn zu erwähnen, und er lächelte.

»Ich habe Tiere gehütet«, erklärte er.

»So«, sagte ich und verstand nicht ganz.

»Ja«, sagte er, »wissen Sie, ich blieb, um die Tiere zu hüten. Ich war der Letzte, der die Stadt San Carlos verlassen hat.«

Er sah weder wie ein Schäfer noch wie ein Rinderhirt aus, und ich musterte seine staubigen schwarzen Sachen und sein graues, staubiges Gesicht und seine stahlgeränderte Brille und sagte: »Was für Tiere waren es denn?«

»Allerhand Tiere«, erklärte er und schüttelte den Kopf. »Ich musste sie dalassen.«

Ich beobachtete die Brücke und das afrikanisch aussehende Land des Ebro-Deltas und war neugierig, wie lange es jetzt wohl noch dauern würde, bevor wir den Feind sehen würden, und ich horchte die ganze Zeit über auf die ersten Geräusche, die immer wieder das geheimnisvolle Ereignis ankündigen, das man ›Fühlung nehmen‹ nennt, und der alte Mann saß immer noch da.

»Was für Tiere waren es?«, fragte ich.

»Es waren im Ganzen drei Tiere«, erklärte er. »Es waren zwei Ziegen und eine Katze und dann noch vier Paar Tauben.«

»Und Sie mussten sie dalassen?«, fragte ich.

»Ja, wegen der Artillerie. Der Hauptmann befahl mir fortzugehen, wegen der Artillerie.«

»Und Sie haben keine Familie?« fragte ich und beobachtete das jenseitige Ende der Brücke, wo ein paar letzte Karren die Uferböschung herunterjagten.

»Nein«, sagte er, »nur die Tiere, die ich angegeben habe. Der Katze wird natürlich nichts passieren. Eine Katze kann für sich selbst sorgen, aber ich kann mir nicht vorstellen, was aus den andern werden soll.«

»Wo stehen Sie politisch?«, fragte ich.

»Ich bin nicht politisch«, sagte er. »Ich bin 76 Jahre alt. Ich bin jetzt zwölf Kilometer gegangen, und ich glaube, dass ich jetzt nicht weitergehen kann.«

»Dies ist kein guter Platz zum Bleiben«, sagte ich. »Falls Sie es schaffen könnten, dort oben, wo die Straße nach Tortosa abzweigt, sind Lastwagen.«

»Ich will ein bisschen warten«, sagte er, »und dann werde ich gehen. Wo fahren die Lastwagen hin?«

»Nach Barcelona zu«, sagte ich ihm.

»Ich kenne niemand in der Richtung«, sagte er, »aber danke sehr. Nochmals sehr schönen Dank.«

Er blickte mich ganz ausdruckslos und müde an, dann sagte er, da er seine Sorgen mit jemandem teilen musste: »Der Katze wird nichts passieren, das weiß ich; man braucht sich wegen der Katze keine Gedanken zu machen. Aber die andern; was glauben Sie wohl von den andern?«

»Ach, wahrscheinlich werden sie heil durch alles durchkommen.«

»Glauben Sie das?«

»Warum nicht?«, sagte ich und beobachtete das jenseitige Ufer, wo jetzt keine Karren mehr waren.

»Aber was werden sie unter der Artillerie tun, wo man mich wegen der Artillerie fortgeschickt hat?«

»Haben Sie den Taubenkäfig unverschlossen gelassen?«, fragte ich.

»Ja.«

»Dann werden sie wegfliegen.«

»Ja, gewiss werden sie wegfliegen. Aber die andern? Es ist besser, man denkt nicht an die andern«, sagte er.

»Wenn Sie sich ausgeruht haben, würde ich gehen«, drängte ich. »Stehen Sie auf, und versuchen Sie jetzt einmal zu gehen.«

»Danke«, sagte er und stand auf, schwankte hin und her und setzte sich dann rücklings in den Staub.

»Ich habe Tiere gehütet«, sagte er eintönig, aber nicht mehr zu mir. »Ich habe doch nur Tiere gehütet.«

Man konnte nichts mit ihm machen. Es war Ostersonntag, und die Faschisten rückten gegen den Ebro vor. Es war ein grauer, bedeckter Tag mit tiefhängenden Wolken, darum waren ihre Flugzeuge nicht am Himmel. Das und die Tatsache, dass Katzen für sich selbst sorgen können, war alles an Glück, was der alte Mann je haben würde.

Julio Cortázar
Vorwurf für einen Wandteppich

Der General hat nur achtzig Mann und der Feind deren fünftausend. In seinem Zelte flucht und weint der General. Danach schreibt er einen flammenden Aufruf, den Brieftauben über dem feindlichen Lager abwerfen. Zweihundert Infanteristen gehen zum General über. Es folgt ein Scharmützel, das der General leicht gewinnt, und zwei Regimenter schlagen sich auf seine Seite. Drei Tage darauf hat der Feind nur achtzig Mann und der General deren fünftausend. Darauf schreibt der General einen anderen Aufruf, und neunundsiebzig Leute laufen ihm ins Lager. Ein einziger Gegner bleibt übrig, umzingelt vom Heere des Generals, der stillschweigend abwartet. Die Nacht vergeht, und der Gegner ist nicht zu ihm übergelaufen. Der General flucht und weint in seinem Zelte. Bei Morgengrauen zieht der Gegner langsam den Degen aus der Scheide und rückt gegen das Zelt des Generals vor. Er tritt ein und sieht ihn an. Das Heer des Generals ergreift das Hasenpanier. Die Sonne geht auf.

Isaak Babel
Weg nach Brody

Ich trage Trauer um die Bienen. Verheert sind sie von feindlichen Armeen. In Wolhynien gibt es keine Bienen mehr.

Wir haben die unbeschreiblichen Bienenstöcke geschändet. Wir haben sie ausgeräuchert mit Schwefel und gesprengt mit Pulver. Rußgeschwärzte Lappen verbreiteten Gestank in den geheiligten Republiken der Bienen. Sterbend, flogen sie langsam und summten kaum hörbar. Da wir kein Brot hatten, holten wir uns mit den Säbeln Honig. In Wolhynien gibt es keine Bienen mehr.

Die Chronik der alltäglichen Greueltaten bedrückt mich unermüdlich, wie ein Herzfehler. Gestern war der erste Tag der Schlacht um Brody. Verirrt auf der blauen Erde, ahnten wir davon nichts – weder ich, noch Afonjka Bida, mein Freund. Die Pferde hatten am Morgen Korn bekommen. Der Roggen stand hoch, die Sonne war schön, und die Seele, die diese strahlenden und dahinfliegenden Himmel nicht verdient hatte, dürstete es nach langsam bohrenden Schmerzen. Deshalb zwang ich Afonjkas unerschütterlichen Mund, sich meinem Kummer zuzuneigen.

– Von der Biene und ihrer schönen Seele schwatzen die Weiber bei uns in der Staniza, – antwortete der Zugführer, mein Freund, – was sie nicht alles schwatzen. Ob die Menschen Christus ein Leid angetan haben oder ob es dieses Leid nie gegeben hat, das erfahren alle andern erst im Lauf der Zeit. Aber nun ja, – so schwatzen die Weiber in der Staniza, – Christus leidet also am Kreuz. Da schwirren zu Christus alle möglichen Mücken, um ihn zu schikanieren. Er schaut sie an mit seinen Augen und er verliert allen Mut. Aber die unzähligen Mücken können seine Augen nicht sehen. Und zur selben Zeit fliegt um Christus herum eine Biene. »Stich ihn, – rufen ihr die Mücken zu, – stich ihn, auf unsere Verantwortung!…« »Das kann ich nicht, – sagt die Biene und hält ihre Flügel über Christus, – das kann ich nicht, er stammt aus der Klasse der Zimmerleute«… Man muss die Biene verstehen, – schließt Afonjka, mein Zugführer. – Solls die Biene aushalten. Wir prügeln uns doch auch für sie…

Er winkte mit beiden Händen ab, dann begann Afonjka ein Lied zu singen. Es war das Lied vom falben Hengst. Acht Kosaken – Afonjkas Zug – fielen ein.

Der falbe Hengst mit Namen Džigit gehörte einem Unter-Jessaul, der sich am Tag der Enthauptung Johanni mit Vodka betrank. – So sang Afonjka, die Stimme angespannt, wie eine Saite, und dösend. – Džigit war ein treues Pferd, doch kannte der Jessaul an Feiertagen in seinen Begierden keine Grenzen. Fünf Stauf waren es am Tag der Enthauptung Johanni. Nach der vierten bestieg der Jessaul sein Pferd und ritt mit ihm in den Himmel. Der Aufstieg war lang, doch Džigit war ein treues Pferd. Sie kamen in den Himmel, und der Jessaul griff nach dem fünften Stauf. Doch der war auf der Erde stehengeblieben, der letzte Stauf. Da brach der Jessaul in Tränen aus, vergeblich waren seine Mühen. Er weint und weint, und Džigit stellt die Ohren auf, er lauscht und schaut auf seinen Herrn…

So sang Afonjka, klirrend und dösend. Das Lied schwamm dahin, wie Rauch. Und wir ritten einem heroischen Sonnenuntergang entgegen. Seine kochenden Ströme ergossen sich über die buntgestickten Handtücher der Bauernfelder. Die Stille wurde rosig. Die Erde lag, wie ein Katzenbuckel, bewachsen mit dem schimmernden Fell des Getreides. Auf die Anhöhe geduckt, lag das Kaff Klekotów. Dahinter erwartete uns die Vision des totengleichen und gezackten Brody. Aber bei Klekotów platzte uns krachend ein Schuss ins Gesicht. Hinter einer Hütte hervor schauten zwei polnische Soldaten. Ihre Pferde waren an Pflöcken festgebunden. Die Anhöhe heraufgeritten kam feldmarschmäßig eine leichte Batterie des Feindes. Die Kugeln strichen wie am Faden die Straße entlang.

– Vorwärts! – sagte Afonjka.

Und wir ergriffen die Flucht.

Oh, Brody! Die Mumien deiner zerstampften Leichen haben mich angehaucht mit ihrem unwiderstehlichen Gift. Schon spürte ich die Todeskälte deiner Augenhöhlen, in denen die Träne gefror. Und nun – trägt rüttelnder Galopp mich fort vom zerkerbten Stein deiner Synagogen …

Stanisław Jerzy Lec
Von Blindgängern

Mitten im Krieg pflegte ein Bauer sein Feld. Ein feindlicher Flieger flog gerade über das Tal. Er ließ, wie das die feindlichen Flieger so tun, eine Bombe fallen.

Ich mag keine Greuelgeschichten, und ich hätte diesen Vorfall niemals erwähnt, wenn er nicht ein unerwartetes Happy End genommen hätte. Obwohl die Bombe den harten Schädel des Bauern traf, detonierte sie nicht. Sie grub sich unkrepiert tief in den Acker ein.

Neben dem krepierten Bauern.

Wolfgang Borchert
Lesebuchgeschichte

Es waren mal zwei Menschen. Als sie zwei Jahre alt waren, da schlugen sie sich mit den Händen.

Als sie zwölf waren, schlugen sie sich mit Stöcken und warfen mit Steinen.

Als sie zweiundzwanzig waren, schossen sie mit Gewehren nach einander.

Als sie zweiundvierzig waren, warfen sie mit Bomben.

Als sie zweiundsechzig waren, nahmen sie Bakterien.

Als sie zweiundachtzig waren, da starben sie. Sie wurden nebeneinander begraben.

Als sich nach hundert Jahren ein Regenwurm durch ihre beiden Gräber fraß, merkte er gar nicht, dass hier zwei verschiedene Menschen begraben waren. Es war dieselbe Erde. Alles dieselbe Erde.

Maxim Biller
Geschäfte

Schon als Achtjähriger entdeckte Gildenblatt seine Schwäche für Geschäfte. Eines Tages schrieb er seiner Mutter einen Brief:

»Müll runtergetragen, Brot geholt, Jankele zum Spielplatz gebracht, Kinderzimmer aufgeräumt. Macht neun Euro.«

Gildenblatts Mutter drehte den Zettel um und schrieb auf die Rückseite:

»Neun Monate in meinem Bauch getragen, zwei Jahre Windeln gewechselt, als du Mumps hattest, nachts nicht geschlafen, jeden Tag zur Schule gefahren – alles umsonst.«

Der Junge war beschämt. Tränen stiegen ihm in die Augen, und er weinte kurz und heftig. Dann sagte er: »Das Geld brauche ich bis morgen.«

Peter Altenberg
Im Volksgarten

Ich möchte einen blauen Ballon haben! Einen blauen Ballon möchte ich haben!«

»Da hast du einen blauen Ballon, Rosamunde!«

Man erklärte ihr nun, dass darinnen ein Gas sich befände, leichter als die atmosphärische Luft, infolgedessen etc. etc.

»Ich möchte ihn auslassen – – –«, sagte sie einfach.

»Willst du ihn nicht lieber diesem armen Mäderl dort schenken?!?«

»Nein, ich will ihn auslassen – – –!«

Sie lässt den Ballon aus, sieht ihm nach, bis er verschwindet in den blauen Himmel.

»Tut es dir nun nicht leid, dass du ihn nicht dem armen Mäderl geschenkt hast?!?«

»Ja, ich hätte ihn lieber dem armen Mäderl geschenkt!«

»Da hast du einen andern blauen Ballon, schenke ihr diesen!«

»Nein, ich möchte den auch auslassen in den blauen Himmel!« –

Sie tut es.

Man schenkt ihr einen dritten blauen Ballon.

Sie geht von selbst hin zu dem armen Mäderl, schenkt ihr diesen, sagt: »Du lasse ihn aus!«

»Nein«, sagt das arme Mäderl, blickt den Ballon begeistert an.

Im Zimmer flog er an den Plafond, blieb drei Tage lang picken, wurde dunkler, schrumpfte ein, fiel tot herab als ein schwarzes Säckchen.

Da dachte das arme Mäderl: »Ich hätte ihn im Garten auslassen sollen, in den blauen Himmel, ich hätte ihm nachgeschaut, nachgeschaut – – –!«

Währenddessen erhielt das reiche Mäderl noch zehn Ballons, und einmal kaufte ihr der Onkel Karl sogar alle dreißig Ballons auf einmal. Zwanzig ließ sie in den Himmel fliegen und zehn verschenkte sie an arme Kinder. Von da an hatten Ballons für sie überhaupt kein Interesse mehr.

»Die dummen Ballons – – –«, sagte sie.

Und Tante Ida fand infolgedessen, dass sie für ihr Alter ziemlich fortgeschritten sei!

Das arme Mäderl träumte: »Ich hätte ihn auslassen sollen, in den blauen Himmel, ich hätte ihm nachgeschaut und nachgeschaut – – –!«

Günter Grass
Sophie

Nie wieder nehme ich dieses Kind auf ein Begräbnis mit. Es lacht und findet alles lustig. Schon vor der Abdankungskapelle, wo sich die Leidtragenden sammeln, wird es steif vom Kampf mit der Komik. Ich bemerke, wie die Kränze und Sargträger ihm zusetzen. Doch erst das offene Grab und das Schäufelchen für die dreimal Erde lassen in ihm ein Gelächter wachsen, das überläuft, nein ausbricht, sobald das allgemeine Beileidaussprechen beginnt.

Heute, als die noch junge Frau eines Familienfreundes zu Grabe getragen wurde und der Freund sich seiner offenen Verzweiflung nicht schämen wollte, verdarb ihm das Gelächter die Tränen. Auch als ich dem Kind seinen lachenden Mund mit feuchter Erde stopfte, bis er still war, konnte der Freund nicht weinen und blieb verärgert.

Bertolt Brecht
Der hilflose Knabe

Herr K. sprach über die Unart, erlittenes Unrecht still-schweigend in sich hineinzufressen, und erzählte folgende Geschichte: »Einen vor sich hin weinenden Jungen fragte ein Vorübergehender nach dem Grund seines Kummers. ›Ich hatte zwei Groschen für das Kino beisammen‹, sagte der Knabe, ›da kam ein Junge und riss mir einen aus der Hand‹, und er zeigte auf einen Jungen, der in einiger Entfernung zu sehen war. ›Hast du denn nicht um Hilfe geschrien?‹, fragte der Mann. ›Doch‹, sagte der Junge und schluchzte ein wenig stärker. ›Hat dich niemand gehört?‹, fragte der Mann weiter, ihn liebevoll streichelnd. ›Nein‹, schluchzte der Junge. ›Kannst du denn nicht lauter schreien?‹, fragte der Mann. ›Dann gib auch den her‹, sagte er, nahm ihm den letzten Groschen aus der Hand und ging unbekümmert weiter.«

Johann Peter Hebel
Anekdote

Ein Büblein klagte seiner Mutter: »Der Vater hat mir eine Ohrfeige gegeben.« Der Vater aber kam dazu und sagte: »Lügst du wieder? Willst du noch eine?«

Antoine de Saint-Exupéry
Der kleine Prinz und der Händler

G uten Tag«, sagte der kleine Prinz.
»Guten Tag«, sagte der Händler.

Er handelte mit höchst wirksamen, durststillenden Pillen. Man schluckt jede Woche eine und spürt überhaupt kein Bedürfnis mehr zu trinken.

»Warum verkaufst du das?«, sagte der kleine Prinz.

»Das ist eine große Zeitersparnis«, sagte der Händler. »Die Sachverständigen haben Berechnungen angestellt. Man spart dreiundfünfzig Minuten in der Woche.«

»Und was macht man mit diesen dreiundfünfzig Minuten?«

»Man macht damit, was man will…«

»Wenn ich dreiundfünfzig Minuten übrig hätte«, sagte der kleine Prinz, »würde ich ganz gemächlich zu einem Brunnen laufen…«

Peter Hacks
Der Bär auf dem Försterball

Der Bär schwankte durch den Wald, es war übrigens Winter; er ging zum Maskenfest. Er war von der besten Laune. Er hatte schon ein paar Kübel Bärenschnaps getrunken; den mischt man aus Honig, Wodka und vielen schwierigen Gewürzen. Des Bären Maske war sehr komisch. Er trug einen grünen Rock, fabelhafte Stiefel und eine Flinte auf der Schulter; ihr merkt schon, er ging als Förster.

Da kam ihm, quer über den knarrenden Schnee, einer entgegen: auch im grünen Rock, auch mit fabelhaften Stiefeln und auch die Flinte geschultert. Ihr merkt schon, das war der Förster.

Der Förster sagte mit einer tiefen Bassstimme: »Gute Nacht, Herr Kollege, auch zum Försterball?«

»Brumm«, sagte der Bär, und sein Bass war so tief wie die Schlucht am Weg, in die die Omnibusse fallen.

»Um Vergebung«, sagte der Förster erschrocken, »ich wusste ja nicht, dass Sie der Oberförster sind.«

»Macht nichts«, sagte der Bär leutselig. Er fasste den Förster unterm Arm, um sich an ihm festzuhalten, und so schwankten sie beide in den Krug zum zwölften Ende, wo der Försterball stattfand.

Die Förster waren alle versammelt. Manche Förster hatten Geweihe, die sie vorzeigten, und manche Hörner, auf denen sie bliesen. Sie hatten alle lange Bärte und geschwungene Schnurrbärte, aber die meisten Haare im Gesicht hatte der Bär.

»Juhu«, riefen die Förster und hieben den Bären kräftig auf den Rücken.

»Stimmung«, erwiderte der Bär und hieb die Förster auf den Rücken, und es war wie ein ganzer Steinschlag.

»Um Vergebung«, sagten die Förster erschrocken, »wir wussten ja nicht, dass Sie der Oberförster sind.«

»Weitermachen«, sagte der Bär. Und sie tanzten und tranken und lachten; sie sangen, sie hätten so viel Dorst im grünen Forst. Ich weiß nicht, ob ihr es schon erlebt habt, in welchen Zustand man gerät, wenn man so viel tanzt und trinkt, lacht und singt. Die Förster gerieten in einen Tatendrang und der Bär mit ihnen; der Bär sagte: »Wir wollen jetzt ausgehn, den Bären schießen.«

Da streiften sich die Förster ihre Pelzhandschuhe über und schnallten sich ihre Lederriemen fest um den Bauch; so strömten sie in die kalte Nacht. Sie stapften durchs Gehölz. Sie schossen mit ihren Flinten in die Luft. Sie riefen Hussa und Hallihallo und Halali, wovon das eine so viel bedeutet wie das andere, nämlich gar nichts, aber so ist das Jägerleben. Der Bär riss im Vorübergehn eine Handvoll trockener Hagebutten vom Strauch und fraß sie. Die Förster riefen: »Seht den Oberförster, den Schelm«, und fraßen auch Hagebutten und wollten sich ausschütten vor Spaß.

Nach einer Weile jedoch merkten sie, dass sie den Bären nicht fanden.

»Warum finden wir ihn nicht?«, sagte der Bär, »er sitzt in seinem Loch, ihr Schafsköpfe.« Er ging zum Bärenloch, die Förster hinterdrein. Er zog den Hausschlüssel aus dem Fell, schloß den Deckel auf und stieg hinunter, die Förster hinterdrein. »Der Bär ist ausgegangen«, sagte der Bär schnüffelnd, »aber es kann noch nicht lange her sein, es riecht stark nach ihm.« Dann torkelte er zurück in den Krug zum zwölften Ende und die Förster hinterdrein.

Sie tranken gewaltig nach der Anstrengung, aber die Menge, die der Bär trank, war wie ein Schmelzwasser, das die Brücken fortreißt.

»Um Vergebung«, sagten die Förster erschrocken. »Sie sind ein großartiger Oberförster.«

Der Bär sagte: »Der Bär steckt nicht im Walde, und der Bär steckt nicht in seinem Loch; es bleibt nur eins, er steckt unter uns und hat sich als Förster verkleidet.«

»Das muss es sein«, riefen die Förster, und sie blickten einander misstrauisch und scheel an.

Es war aber ein ganz junger Förster dabei, der einen verhältnismäßig kleinen Bart hatte und nur wenige Geweihe und überhaupt der Schwächste und Schüchternste war von allen. So beschlossen sie, dieser sei der Bär. Sie krochen mühsam auf die Bänke, stützten ihre Bärte auf die Tische und langten mit den Händen an der Wand empor.

»Was sucht ihr denn?«, rief der junge Förster.

»Unsere Flinten«, sagten sie, »sie hängen leider an den Haken.«

»Wozu die Flinten?«, rief der junge Förster.

»Wir wollen dich doch schießen«, antworteten sie, »du bist doch der Bär.«

»Ihr versteht überhaupt nichts von Bären«, sagte der Bär. »Man muss untersuchen, ob er einen Schwanz hat und Krallen an den Tatzen«, sagte der Bär.

»Die hat er nicht«, sagten die Förster, »aber, Potz Wetter. Sie selbst haben Schwanz und Krallen an den Tatzen, Herr Oberförster.«

Die Frau des Bären kam zur Tür herein und war zornig. »Pfui Teufel«, rief sie, »in was für Gesellschaft du dich herumtreibst.«

Sie biss den Bären in den Nacken, damit er nüchterner würde, und ging mit ihm weg.

»Schade, dass du so früh kamst«, sagte der Bär im Walde zu ihr, »eben hatten wir ihn gefunden, den Bären. Na, macht nichts. Andermal ist auch ein Tag.«

Kurt Tucholsky
Märchen

Es war einmal ein Kaiser, der über ein unermesslich großes, reiches und schönes Land herrschte. Und er besaß wie jeder andere Kaiser auch eine Schatzkammer, in der inmitten all der glänzenden und glitzernden Juwelen auch eine Flöte lag. Das war aber ein merkwürdiges Instrument. Wenn man nämlich durch eins der vier Löcher in die Flöte hineinsah – oh! was gab es da alles zu sehen! Da war eine Landschaft darin, klein, aber voll Leben: Eine Thomasche Landschaft mit Böcklinschen Wolken und Leistikowschen Seen. Rezniceksche Dämchen rümpften die Nasen über Zillesche Gestalten, und eine Bauerndirne Meuniers trug einen Arm voll Blumen Orliks – kurz, die ganze moderne Richtung war in der Flöte.

Und was machte der Kaiser damit? Er pfiff drauf.

Erich Kästner
Das Märchen vom Glück

Siebzig war er gut und gern, der alte Mann, der mir in der verräucherten Kneipe gegenübersaß. Sein Schopf sah aus, als habe es darauf geschneit, und die Augen blitzten wie eine blankgefegte Eisbahn. »Oh, sind die Menschen dumm«, sagte er und schüttelte den Kopf, dass ich dachte, gleich müssten Schneeflocken aus seinem Haar aufwirbeln. »Das Glück ist ja schließlich keine Dauerwurst, von der man sich täglich seine Scheibe herunterschneiden kann!«, »Stimmt«, meinte ich, »das Glück hat ganz und gar nichts Geräuchertes an sich. Obwohl…« – »Obwohl?« – »Obwohl gerade Sie aussehen, als hinge bei Ihnen zu Hause der Schinken des Glücks im Rauchfang.« – »Ich bin eine Ausnahme«, sagte er und trank einen Schluck. »Ich bin die Ausnahme. Ich bin nämlich der Mann, der einen Wunsch frei hat.«

Er blickte mir prüfend ins Gesicht, und dann erzählte er seine Geschichte. »Das ist lange her«, begann er und stützte den Kopf in beide Hände, »sehr lange. Vierzig Jahre. Ich war noch jung und litt am Leben wie an einer geschwollenen Backe. Da setzte sich, als ich eines Mittags verbittert auf einer grünen Parkbank hockte, ein alter Mann neben mich und sagte beiläufig: ›Also gut. Wir haben es uns überlegt. Du hast drei Wünsche frei.‹ Ich starrte in meine Zeitung und tat, als hätte ich nichts gehört. ›Wünsch dir, was du willst‹, fuhr er fort, ›die schönste Frau oder das meiste Geld oder den größten Schnurrbart – das ist deine Sache. Aber werde endlich glücklich! Deine Unzufriedenheit geht uns auf die Nerven.‹ Er sah aus wie der Weihnachtsmann in Zivil. Weißer Vollbart, rote Apfelbäckchen, Augenbrauen wie aus Christbaumwatte. Gar nichts Verrücktes. Vielleicht ein bisschen zu gutmütig. Nachdem ich ihn eingehend betrachtet hatte, starrte ich wieder in meine Zeitung. ›Obwohl es uns nichts angeht, was du mit deinen drei Wünschen machst‹, sagte er, ›wäre es natürlich kein Fehler, wenn du dir die Angelegenheit vorher genau überlegtest. Denn drei Wünsche sind nicht vier Wünsche oder fünf, sondern drei. Und wenn du hinterher noch immer neidisch und unglücklich wärst, könnten wir dir und uns nicht mehr helfen.‹ Ich weiß nicht, ob Sie sich in meine Lage versetzen können. Ich saß auf einer Bank und haderte mit Gott und der Welt. In der Ferne klingelten die Straßenbahnen. Die Wachtparade zog irgendwo mit Pauken und Trompeten zum Schloss. Und neben mir saß nun dieser alte Quatschkopf!«

»Sie wurden wütend?«

»Ich wurde wütend. Mir war zumute wie einem Kessel kurz vorm Zerplatzen. Und als er sein weißwattiertes Großvatermündchen von neuem aufmachen wollte, stieß ich zornzitternd hervor: ›Damit Sie alter Esel mich nicht länger duzen, nehme ich mir die Freiheit, meinen ersten und innigsten Wunsch auszusprechen – scheren Sie sich zum Teufel!‹ Das war nicht fein und höflich, aber ich konnte einfach nicht anders. Es hätte mich sonst zerrissen.«

»Und?«

»Was ›Und‹?«

»War er weg?«

»Ach so! – Natürlich war er weg! Wie fortgeweht. In der gleichen Sekunde. In nichts aufgelöst. Ich guckte sogar unter die Bank. Aber dort war er auch nicht. Mir wurde ganz übel vor lauter Schreck. Die Sache mit den Wünschen schien zu stimmen! Und der erste Wunsch hatte sich bereits erfüllt! Du meine Güte! Und wenn er sich erfüllt hatte, dann war der gute, liebe, brave Großpapa, wer er nun auch sein mochte, nicht nur weg, nicht nur von meiner Bank verschwunden, nein, dann war er beim Teufel! Dann war er in der Hölle! ›Sei nicht albern‹, sagte ich zu mir selber. ›Die Hölle gibt es ja gar nicht, und den Teufel auch nicht.‹ Aber die drei Wünsche, gab's denn die? Und trotzdem war der alte Mann, kaum hatte ich's gewünscht, verschwunden… Mir wurde heiß und kalt. Mir schlotterten die Knie. Was sollte ich machen? Der alte Mann musste wieder her, ob's nun eine Hölle gab oder nicht. Das war ich ihm schuldig. Ich musste meinen zweiten Wunsch dransetzen, den zweiten von dreien, o ich Ochse! Oder sollte ich ihn lassen, wo er war? Mit seinen hübschen, roten Apfelbäckchen? ›Bratapfelbäckchen‹, dachte ich schaudernd. Mir blieb keine Wahl. Ich schloss die Augen und flüsterte ängstlich: ›Ich wünsche mir, dass der alte Mann wieder neben mir sitzt!‹ Wissen Sie, ich habe mir jahrelang, bis in den Traum hinein, die bittersten Vorwürfe gemacht, dass ich den zweiten Wunsch auf diese Weise verschleudert habe, doch ich sah damals keinen Ausweg. Es gab ja auch keinen…«

»Und?«

»Was ›Und‹?«

»War er wieder da?«

»Ach so! – Natürlich war er wieder da! In der nämlichen Sekunde. Er saß wieder neben mir, als wäre er nie fortgewünscht gewesen. Das heißt, man sah's ihm schon an, dass er…, dass er irgendwo gewesen war, wo es verteufelt, ich meine, wo es sehr heiß sein musste. O ja. Die buschigen, weißen Augenbrauen waren ein bißchen verbrannt. Und der schöne Vollbart hatte auch etwas gelitten. Besonders an den Rändern. Außerdem roch's wie nach versengter Gans. Er blickte mich vorwurfsvoll an. Dann zog er ein Bartbürstchen aus der Brusttasche, putzte sich Bart und Brauen und sagte gekränkt: ›Hören Sie, junger Mann – fein war das nicht von Ihnen!‹ Ich stotterte eine Entschuldigung. Wie leid es mir täte. Ich hätte doch nicht an die drei Wünsche geglaubt. Und außerdem hätte ich immerhin versucht, den Schaden wiedergutzumachen. ›Das ist richtig‹, meinte er. ›Es wurde aber auch die höchste Zeit.‹ Dann lächelte er. Er lächelte so freundlich, dass mir fast die Tränen kamen. ›Nun haben Sie nur noch einen Wunsch frei‹, sagte er, ›den dritten. Mit ihm gehen Sie hoffentlich ein bisschen vorsichtiger um. Versprechen Sie mir das?‹ Ich nickte und schluckte. ›Ja‹, antwortete ich dann, ›aber nur, wenn Sie mich wieder duzen.‹ Da musste er lachen. ›Gut, mein Junge‹, sagte er und gab mir die Hand. ›Leb wohl. Sei nicht allzu unglücklich. Und gib auf deinen letzten Wunsch acht.‹ – ›Ich verspreche es Ihnen‹, erwiderte ich feierlich. Doch er war schon weg. Wie fortgeblasen.«

»Und?«

»Was ›Und‹?«

»Seitdem sind Sie glücklich?«

»Ach so. – Glücklich?« Mein Nachbar stand auf, nahm

Hut und Mantel vom Garderobenhaken, sah mich mit seinen blitzblanken Augen an und sagte: »Den letzten Wunsch habe ich vierzig Jahre lang nicht angerührt. Manchmal war ich nahe daran. Aber nein. Wünsche sind nur gut, solange man sie noch vor sich hat. Leben Sie wohl.«

Ich sah vom Fenster aus, wie er über die Straße ging. Die Schneeflocken umtanzten ihn. Und er hatte ganz vergessen, mir zu sagen, ob wenigstens er glücklich sei. Oder hatte er mir absichtlich nicht geantwortet? Das ist natürlich auch möglich.

Brüder Grimm
Von dem Mäuschen, Vögelchen
und der Bratwurst

Es waren einmal ein Mäuschen, ein Vögelchen und eine Bratwurst in Gesellschaft geraten, hatten einen Haushalt geführt, lange wohl und köstlich im Frieden gelebt, und trefflich an Gütern zugenommen. Des Vögelchens Arbeit war, dass es täglich im Wald fliegen und Holz beibringen müsste. Die Maus sollte Wasser tragen, Feuer anmachen und den Tisch decken, die Bratwurst aber sollte kochen.

Wem zu wohl ist, den gelüstet immer nach neuen Dingen! Also eines Tages stieß dem Vöglein unterwegs ein anderer Vogel auf, dem es seine treffliche Gelegenheit erzählte und rühmte. Derselbe andere Vogel schalt es aber einen armen Tropf, der große Arbeit, die beiden zu Haus aber gute Tage hätten. Denn, wenn die Maus ihr Feuer angemacht und Wasser getragen hatte, so begab sie sich in ihr Kämmerlein zur Ruhe, bis man sie hieß den Tisch zu decken. Das Würstlein blieb beim Hafen, sah zu, dass die Speise wohl kochte, und wenn es bald Essenszeit war, schlingte es sich ein mal viere durch den Brei oder das Gemüs, so war es geschmalzen, gesalzen und bereitet. Kam dann das Vöglein heim und legte seine Bürde ab, so saßen sie zu Tisch, und nach gehabtem Mahl schliefen sie sich die Haut voll bis an den andern Morgen; und das war ein herrlich Leben.

Das Vöglein anderes Tages wollte aus Anstiftung nicht

mehr ins Holz, sprechend, es wäre lang genug Knecht gewesen und hätte gleichsam ihr Narr sein müssen, sie sollten einmal umwechseln und es auf eine andere Weise auch versuchen. Und wiewohl die Maus und auch die Bratwurst heftig dafür bat, so war der Vogel doch Meister: es musste gewagt sein, spieleten derowegen, und kam das Los auf die Bratwurst, die musste Holz tragen, die Maus ward Koch, und der Vogel sollte Wasser holen.

Was geschieht? Das Bratwürstchen zog fort gen Holz, das Vöglein machte Feuer an, die Maus stellte den Topf zu, und erwarteten allein, bis Bratwürstchen heim käme und Holz für den andern Tag brächte. Es blieb aber das Würstlein so lange unterwegs, dass ihnen beiden nichts Gutes vorkam, und das Vöglein ein Stück Luft hinaus entgegenflog. Unfern aber findet es einen Hund am Weg, der das arme Bratwürstlein als freie Beut angetroffen, angepackt und niedergemacht. Das Vöglein beschwerte sich auch dessen als eines offenbaren Raubes sehr gegen den Hund, aber es half kein Wort, denn, sprach der Hund, er hätte falsche Briefe bei der Bratwurst gefunden, deswegen wäre sie ihm des Lebens verfallen gewesen.

Das Vöglein, traurig, nahm das Holz auf sich, flog heim und erzählte, was es gesehn und gehöret. Sie waren sehr betrübt, verglichen sich aber, das Beste zu tun und beisammen zu bleiben. Derowegen so deckte das Vöglein den Tisch und die Maus rüstete das Essen und wollte anrichten, und in den Hafen, wie zuvor das Würstlein, durch das Gemüs schlingen und schlupfen, dasselbe zu schmälzen: Aber ehe sie in die Mitte kam, ward sie angehalten und musste Haut und Haar und dabei das Leben lassen.

Als das Vöglein kam und wollte das Essen auftragen, da

war kein Koch vorhanden. Das Vöglein warf bestürzt das Holz hin und her, rufte und suchte, konnte aber seinen Koch nicht mehr finden. Aus Unachtsamkeit kam das Feuer in das Holz, also dass eine Brunst entstand; das Vöglein eilte, Wasser zu langen, da entfiel ihm der Eimer in den Brunnen, und es mit hinab, dass es sich nicht mehr erholen konnte und da ersaufen musste.

Leonardo da Vinci
Das Rasiermesser

Als das Rasiermesser eines schönen Tages aus seinem Griff, der ihm zur Scheide dient, herauskam und sich ins Fenster legte, sah es die Sonne sich spiegeln in seinem Leibe. Da fühlte es sich in ungeheurem Glanz, und in Gedanken an sein Handwerk sprach es zu sich selber: »Niemals wieder will ich in die Bude zurück, aus der ich kam! Mögen die Götter verhüten, dass meine glanzvolle Schönheit so erniedrigt werde! Welcher Wahnsinn, die eingeseiften Knasterbärte dummer Bauern zu rasieren, welche Hausknechtsarbeit! Ist dieser Leib dazu geschaffen? O bei Gott, nein! Ich will mich an einem verborgenen Ort verstecken und dort in stiller Ruhe mein Leben verbringen.« Und so tat es auch. Als es nun einige Zeit in seinem Versteck zugebracht hatte, kehrte das Rasiermesser eines Tages an die Luft zurück; aber o Schrecken, da merkte es, dass es aussah wie eine alte verrostete Säge, und die Sonne blitzte nicht mehr auf der stumpfen Fläche. Vergebens war jetzt die Reue und nutzlos die Klage. »O wie viel besser hätte ich getan, meine scharfe, ach nun verdorbene Schneide beim Barbier zu üben! Wo ist mein glänzender Leib! Weh mir, dieser abscheuliche Rost hat ihn tückisch zerfressen!« Ganz so, meine Lieben, wird es denen gehen, die sich dem Müßiggange hingeben statt zu arbeiten. Sie werden ihre scharfe Schneide verlieren, und der Rost der Unwissenheit wird ihre Form verderben.

Oscar Wilde
Der Schüler

Als Narziss starb, da verwandelt sich der Weiher seiner Lust aus einer Schale voll süßen Wassers in eine Schale voll salziger Tränen, und die Oreaden eilten weinend herbei durch den Wald, um dem Weiher zu singen und Trost zu geben.

Und als sie sahen, dass der Weiher aus einer Schale voll süßen Wassers sich in eine Schale voll salziger Tränen verwandelt hatte, da lösten sie die grünen Flechten ihres Haares und riefen dem Weiher zu und sprachen: »Kein Wunder, dass du auf solche Art um Narziss trauerst – er war so schön.«

»War Narziss denn schön?«, fragte der Weiher.

»Wer wüsste es besser als du?«, antworteten die Oreaden. »An uns ging er immer achtlos vorüber, dich aber suchte er auf und lag an deinen Ufern und sah hinab auf dich, und im Spiegel deiner Wasser spiegelte er seine eigene Schönheit.«

Und der Weiher entgegnete: »Ich aber liebte Narziss, weil ich, wie er an meinen Ufern lag und auf mich niederblickte, im Spiegel seiner Augen stets meine eigene Schönheit gespiegelt schaute.«

Wolf Wondratschek
Ohne Titel

Eine nackte Prinzessin? Erzählen Sie keine Märchen, sagte der Zwerg.

Bertolt Brecht
Märchen

Es war einmal ein Prinz, weit drüben im Märchenlande. Weil der nur ein Träumer war, liebte er es sehr, auf einer Wiese nahe dem Schlosse zu liegen und träumend in den blauen Himmel zu starren. Denn auf dieser Wiese blühten die Blumen größer und schöner wie sonstwo. –

Und der Prinz träumte von weißen, weißen Schlössern mit hohen Spiegelfenstern und leuchtenden Söllern.

Es geschah aber, dass der alte König starb. Nun wurde der Prinz sein Nachfolger. Und der neue König stand nun oft auf den Söllern von weißen, weißen Schlössern und mit hohen Spiegelfenstern.

Und träumte von einer kleinen Wiese, wo die Blumen größer und schöner blühten, denn sonstwo.

Hans Christian Andersen
Das Sparschwein

Es gab so viel Spielzeug im Kinderzimmer; zuoberst auf dem Schrank stand die Sparbüchse; sie war aus Ton und hatte die Gestalt eines Schweines; natürlich hatte sie einen Spalt im Rücken, und der Spalt war mit einem Messer größer gemacht worden, damit auch Silbertaler hineingehen konnten, und zwei waren schon hineingegangen, außer vielen Pfennigen. Das Sparschwein war so vollgestopft, dass es nicht mehr rasseln konnte, und das ist das Höchste, wozu ein Sparschwein es bringen kann. Da stand es nun zuoberst auf dem Schrank und sah herab auf alles in der Stube. Es wusste wohl, dass es mit dem, was es im Bauch hatte, das alles kaufen könnte, und das verleiht ein gutes Bewusstsein.

Daran dachten auch die andern, wenn sie es auch nicht sagten; es gab ja anderes zu reden. Die Kommodenschublade war halb herausgezogen, und darin zeigte sich eine große Puppe. Etwas alt war sie und am Hals geflickt; sie schaute hinaus und sagte: »Wollen wir jetzt ›Mensch‹ spielen? Da läuft doch immer etwas!« Und dann gab es eine Aufregung, selbst die Bilder an den Wänden drehten sich um; sie wussten, dass sie auch eine Kehrseite hatten, und dagegen ließ sich nichts sagen.

Es war mitten in der Nacht, der Mond schien zum Fenster herein und gewährte freie Beleuchtung. Nun sollte das Spiel beginnen, und alles war eingeladen, selbst der Kinderwagen, der doch zum gröberen Spielzeug gehörte. »Jeder hat sein Gutes!«, sagte er, »es können nicht alle von Adel sein! Einer muss die Arbeit machen, wie man so sagt!«

Nur das Sparschwein bekam die Einladung schriftlich; es stand zu hoch, als dass sie glauben konnten, es würde eine mündliche Einladung hören, und es gab auch keine Antwort, ob es komme, und es kam nicht; wollte es dabei sein, so musste es das Spiel von da oben aus genießen, danach konnten sie sich richten, und das taten sie.

Das kleine Puppentheater wurde gleich so aufgestellt, dass man alles gut sehen konnte; sie wollten mit einer Komödie anfangen, und dann sollte es Tee und Denkspiele geben.

Das Schaukelpferd sprach vom Trainieren und von Vollblut, der Kinderwagen von Eisenbahnen und Dampfkraft – das alles schlug ja in ihr Fach und davon konnten sie sprechen. Die Stubenuhr sprach von Politik – tik – tik! Sie wusste, was die Glocke geschlagen hatte; aber man sagte, sie ginge nicht richtig. Der Rohrstock stand da und war stolz auf seine Spitze und seinen Silberknauf, er war ja beschlagen unten und oben. Auf dem Sofa lagen zwei bestickte Kissen, sie waren reizend, aber etwas dumm – und dann konnte die Komödie beginnen.

Alle saßen da und schauten zu, und es wurde darum gebeten, man möge knallen, klatschen, lärmen und strampeln, wenn es einem gefiele. Aber die Reitpeitsche sagte, sie knalle nie für die Alten, sondern nur für die Unverlobten. »Ich knalle für alle!«, sagte die Knallerbse. »Alt oder jung, geknallt wird immer!«, meinte der Spucknapf; und das waren nun so die Gedanken, die sich das Publikum während der

Vorstellung machte. Das Stück taugte nichts, aber es wurde gut gespielt; die Schauspieler kehrten die bemalte Seite dem Publikum zu; sie waren nur von der rechten Seite anzusehen und nicht von der Kehrseite; und alle spielten ausgezeichnet, ganz vorne an der Rampe, der Faden, an dem sie hingen, war zu lang, aber dadurch wurde ihr Spiel nur lebendiger. Die geflickte Puppe war so gerührt, dass ihre Naht platzte, und das Sparschwein war auf seine Art so ergriffen, dass es beschloss, für einen der Künstler etwas zu tun und ihn in sein Testament aufzunehmen; er würde, wenn die Zeit käme, in seinem Familiengrab einen Platz bekommen.

Es war ein so hoher Genuss, dass man auf den Tee verzichtete und gleich zu den Denkspielen überging, die man »Mensch spielen« nannte, und darin war keine Bosheit, denn man spielte ja nur – und jeder dachte an sich und daran, was das Sparschwein denke, und das Sparschwein dachte am weitesten, es dachte ja an Testament und Begräbnis – und wann trifft solches ein? Immer ehe man es erwartet. – Knax! da fiel das Sparschwein vom Schrank, lag auf dem Boden in tausend Stücken, während die Pfennige lustig herumtanzten; der eine Silbertaler rollte davon, er wollte ordentlich hinaus in die Welt. Und das kam er auch, und das kamen sie alle; und die Scherben des Sparschweins kamen auf den Müll; aber schon am nächsten Tag stand auf dem Schrank ein neues Sparschwein aus Ton, es war noch kein einziger Pfennig darin, deshalb konnte es auch nicht rasseln, darin glich es dem alten, das war immerhin ein Anfang – und damit wollen wir enden.

Stefano Benni
Kurzgeschichte

Es war einmal ein Mann, der schaffte es nie, die Dinge, die er anfing, zu Ende zu bringen. Er sah ein, dass es so nicht weitergehen konnte. Und so stand er eines Morgens auf und sprach: »Ich habe die Entscheidung getroffen: Von nun an werde ich alles, was ich anfan...«

Johann Peter Hebel
Kannitverstan

Der Mensch hat wohl täglich Gelegenheit, in Emmendingen und Gundelfingen, so gut als in Amsterdam Betrachtungen über den Unbestand aller irdischen Dinge anzustellen, wenn er will, und zufrieden zu werden mit seinem Schicksal, wenn auch nicht viel gebratene Tauben für ihn in der Luft herumfliegen. Aber auf dem seltsamsten Umweg kam ein deutscher Handwerksbursche in Amsterdam durch den Irrtum zur Wahrheit und zu ihrer Erkenntnis. Denn als er in diese große und reiche Handelsstadt, voll prächtiger Häuser, wogender Schiffe und geschäftiger Menschen, gekommen war, fiel ihm sogleich ein großes und schönes Haus in die Augen, wie er auf seiner ganzen Wanderschaft von Duttlingen bis nach Amsterdam noch keines erlebt hatte. Lange betrachtete er mit Verwunderung dies kostbare Gebäude, die 6 Kamine auf dem Dach, die schönen Gesimse und die hohen Fenster, größer als an des Vaters Haus daheim die Tür. Endlich konnte er sich nicht entbrechen, einen Vorübergehenden anzureden. »Guter Freund«, redete er ihn an, »könnt Ihr mir nicht sagen, wie der Herr heißt, dem dieses wunderschöne Haus gehört mit den Fenstern voll Tulipanen, Sternenblumen und Levkojen?« – Der Mann aber, der vermutlich etwas Wichtigeres zu tun hatte, und zum Unglück gerade so viel von der deutschen Sprache verstand, als der Fragende von der holländischen, nämlich nichts, sagte kurz und schnauzig: »*Kannit-verstan*«; und schnurrte vorüber. Dies war ein holländisches Wort, oder drei, wenn man's recht betrachtet, und heißt auf Deutsch so viel, als: *Ich kann Euch nicht verstehn.* Aber der gute Fremdling glaubte, es sei der Name des Mannes, nach dem er gefragt hatte. Das muss ein grundreicher Mann sein, der Herr Kannitverstan, dachte er, und ging weiter. Gass aus Gass ein kam er endlich an den Meerbusen, der da heißt: Het Ey, oder auf deutsch: das Ypsilon. Da stand nun Schiff an Schiff, und Mastbaum an Mastbaum; und er wusste anfänglich nicht, wie er es mit seinen zwei einzigen Augen durchfechten werde, alle diese Merkwürdigkeiten genug zu sehen und zu betrachten, bis endlich ein großes Schiff seine Aufmerksamkeit an sich zog, das vor kurzem aus Ostindien angelangt war, und jetzt eben ausgeladen wurde. Schon standen ganze Reihen von Kisten und Ballen auf- und nebeneinander am Lande. Noch immer wurden mehrere herausgewälzt, und Fässer voll Zucker und Kaffee, voll Reis und Pfeffer, und *salveni* Mausdreck darunter. Als er aber lange zugesehn hatte, fragte er endlich einen, der eben eine Kiste auf der Achsel heraustrug, wie der glückliche Mann heiße, dem das Meer alle diese Waren an das Land bringe. »*Kannitverstan*«, war die Antwort. Da dachte er: Haha, schaut's da heraus? Kein Wunder, wem das Meer solche Reichtümer an das Land schwemmt, der hat gut solche Häuser in die Welt stellen, und solcherlei Tulipanen vor die Fenster in vergoldeten Scherben. Jetzt ging er wieder zurück, und stellte eine recht traurige Betrachtung bei sich selbst an, was er für ein armer Mensch sei unter so viel reichen Leuten in der Welt. Aber als er eben dachte:

Wenn ich's doch nur auch einmal so gut bekäme, wie dieser Herr Kannitverstan es hat, kam er um eine Ecke, und erblickte einen großen Leichenzug. Vier schwarz vermummte Pferde zogen einen ebenfalls schwarz überzogenen Leichenwagen langsam und traurig, als ob sie wüssten, dass sie einen Toten in seine Ruhe führten. Ein langer Zug von Freunden und Bekannten des Verstorbenen folgte nach, Paar und Paar, verhüllt in schwarze Mäntel, und stumm. In der Ferne läutete ein einsames Glöcklein. Jetzt ergriff unsern Fremdling ein wehmütiges Gefühl, das an keinem guten Menschen vorübergeht, wenn er eine Leiche sieht, und blieb mit dem Hut in den Händen andächtig stehen, bis alles vorüber war. Doch machte er sich an den letzten vom Zug, der eben in der Stille ausrechnete, was er an seiner Baumwolle gewinnen könnte, wenn der Zentner um 10 Gulden aufschlüge, ergriff ihn sachte am Mantel, und bat ihn treuherzig um Exküse. »Das muss wohl auch ein guter Freund von Euch gewesen sein«, sagte er, »dem das Glöcklein läutet, dass Ihr so betrübt und nachdenklich mitgeht.« »*Kannitverstan!*«, war die Antwort. Da fielen unserm guten Duttlinger ein paar große Tränen aus den Augen, und es ward ihm auf einmal schwer und wieder leicht ums Herz. »Armer Kannitverstan«, rief er aus, »was hast du nun von allem deinem Reichtum? Was ich einst von meiner Armut auch bekomme: ein Totenkleid und ein Leintuch, und von allen deinen schönen Blumen vielleicht einen Rosmarin auf die kalte Brust, oder eine Raute.« Mit diesen Gedanken begleitete er die Leiche, als wenn er dazu gehörte, bis ans Grab, sah den vermeinten Herrn Kannitverstan hinabsenken in seine Ruhestätte, und ward von der holländischen

Leichenpredigt, von der er kein Wort verstand, mehr gerührt, als von mancher deutschen, auf die er nicht achtgab. Endlich ging er leichten Herzens mit den andern wieder fort, verzehrte in einer Herberge, wo man Deutsch verstand, mit gutem Appetit ein Stück Limburger Käse, und, wenn es ihm wieder einmal schwerfallen wollte, dass so viele Leute in der Welt so reich seien, und er so arm, so dachte er nur an den Herrn Kannitverstan in Amsterdam, an sein großes Haus, an sein reiches Schiff, und an sein enges Grab.

Daniil Charms
Der Mann

Da ging einmal ein Mann ins Büro und traf unterwegs einen anderen, der soeben ein französisches Weißbrot gekauft hatte und sich auf dem Heimweg befand. Das ist eigentlich alles.

Tomi Ungerer
Basil Ratzki

Basil Ratzki war eine Ratte von hohem Niveau. Wenn er seine Rattenkameraden sah, taten sie ihm leid.

›Sie haben keinen Stolz‹, dachte er. ›Wenn man nur sieht, wie sie in schlammigen Kanälen leben, im eigenen Dreck wühlend! Wer würde hier außer verfluchten Ratten leben!‹

›…und wie erhalten wir uns am Leben? Vom Plündern der Speisekammern, vom Löchernagen, Abfallfressen. Kein Wunder, dass wir verfolgt werden.‹

In den Kanälen waren Beerdigungen häufig. Durch jede Nacht hallte das Gequieke trauernder Waisen und das Schluchzen leidtragender Witwen.

»Es muss etwas geschehen!«

Basil ergriff das Wort bei einer nächtlichen Versammlung.

»Genossen Nagetiere! Uns geht's erbärmlich, wir leiden. Ändern wir unser Leben und führen wir unsere Kinder in eine glückliche Zukunft! Lasst uns die Würde der Arbeit entdecken und Frieden finden mit unseren Verfolgern!

Säubern wir uns! Lasst uns aus diesem armseligen Labyrinth herauskriechen und dem Sonnenschein mit stolzem Herzen entgegensehen! Brüder, zur Sonne, zur Freiheit!«

Die Ältesten applaudierten begeistert und wählten Basil zum Vorsitzenden eines neuen Komitees.

Es wurde sofort ein Gesetz der ›absoluten Reinigung‹ erlassen. Ganze Rattenstämme begannen zu bürsten, schrubben, den durch Jahre angesammelten Dreck wegzukratzen, und die Kleinen bekamen ein Schaumbad mit Ohrenwäsche.

Am nächsten Tag führte Basil die Ratten an die frische Luft. Die glänzenden weichen Felle machten sich ganz allerliebst. Den Kameraden gab Basil den Ratschlag: »Befreundet euch zuerst mit den Kindern, die werden uns dann schon mit nach Hause nehmen.«

Zuerst waren die Eltern entsetzt.

Aber sie änderten schnell ihre Meinung, als sie merkten, dass die Ratten sauber und ehrerbietig waren.

Die anderen Haustiere beobachteten eifersüchtig die Störenfriede, die bald der Mittelpunkt der Aufmerksamkeit wurden.

Basils Beispiel folgend, wurden die Ratten hilfreich, freundlich, aufmerksam, tapfer…

…und Sportfreunde!

Rattengiftfabrikanten gingen bankrott.

Die ehemaligen Favoriten emigrierten in die Wälder. Da gab es keine Konkurrenz mehr für die Ratten. Sie überfraßen sich mit Süßigkeiten und wurden fett und faul.

Sie vergaßen die kleinen Tricks, die einen bei seinem Herrn beliebt machen.

Kaum wurde Basil der Korruption in Rattenkreisen gewahr, erhob er wieder seine mahnende Stimme: »Wir kamen her, um zu arbeiten, um von unseren selbstgewählten Herren geschätzt zu werden. Wir…« Ein verfaultes Taubenei, gefolgt von höhnischen Zwischenrufen, unterbrach seine Rede. Man schenkte ihm kein Gehör mehr. So zog sich Basil zurück. »O weh, Freunde«, stöhnte er, »dreimal o weh!«

Die Ratten wurden so fett, dass sie sich nicht mehr auf den Füßen halten konnten. Der Anblick dieser scheußlichen Schoßtiere war absolut ekelhaft. Wütende Menschen begannen überall die Rattenkolonien hinauszuwerfen.

Die Ratten waren so zahlreich, dass Schneepflüge eingesetzt werden mussten.

Und Basil?

Basil blieb, vor seinen eigenen Leuten ein Abtrünniger, eine Kuriosität für seinen Meister. Er war versorgt mit Futter und Käfig. Er hielt keine Reden mehr.

Marie Luise Kaschnitz
Ohne Titel

Frau U. erzählte, wie sie einmal im Dunkeln ihre Treppe hinaufging und das Gefühl hatte verfolgt zu werden. Als sie ihre Türe aufgeschlossen hatte und sie von innen wieder zumachen wollte, war ein Widerstand da, wie von einem Fuß, den jemand in die Spalte setzt. Sie drückte mit allen Kräften, der Widerstand blieb, sie hörte keinen Laut. Sie warf ihren schweren Körper gegen die Tür. Plötzlich ein leiser Klagelaut, dann Stille. Sie hatte die Nachbarskatze totgedrückt.

Hermann Harry Schmitz
Der Hahn und der Wurm

An einem Freitagmorgen sagte der Regenwurm nach dem Morgenkaffee zu seiner Frau: »Höre mal, Traudchen, es wird mir hier unten zu muffig, ich krieche ein wenig nach oben, um Luft zu schnappen.«

»Gott, Kaspar«, ängstigte sich die Regenwürmin, »gib nur bei Leibe acht, dass dir nichts passiert. Du weißt, speziell Hühner sind so unglaublich roh und rücksichtslos.«

»Ich bin Fatalist«, sagte der Regenwurm kurz und verabschiedete sich von seiner Frau. Leise vor sich hin weinend, schaute die Gute ihrem Gemahl nach, bis er an der Biegung des Ganges verschwand.

Im Hühnerstall krakeelte zur gleichen Zeit der Hahn mit den Hühnern.

»Ich bin den ewigen Körnerfraß leid. Wenn derartig nachlässig für mich gesorgt wird, suche ich mir draußen selbst etwas. Wann hatte ich den letzten Regenwurm?«, fuhr er sein Lieblingshuhn Mathilde an. »Um Pfingsten«, stammelte dieses ganz zerknirscht. Der Hahn warf die Tür ins Schloss und ging auf den Hof. –

Der Regenwurm war mittlerweile oben angelangt und hatte gerade das Loch verlassen.

»O Schrecken! Ich bin verloren«, murmelte er entsetzt, als er den Hahn gewahrte, der soeben die ersehnte Delikatesse erspäht hatte und in eiligen Schritten auf ihn zukam.

Schon bückt sich der Hahn, um sein Opfer zu verschlingen; da richtet sich der Regenwurm in seiner ganzen Länge kerzengerade auf und schnarrt dem Hahn entgegen: »Verzeihen Sie, ich bin eine Stricknadel.«

Der Hahn prallte zurück. – Da er nicht gern Stricknadeln mochte, stammelte er verlegen: »Dann entschuldigen Sie, bitte«, machte eine leichte Verbeugung und ging weiter.

Der Wurm lachte sich ins Fäustchen.

Edgar Allan Poe
Theaterratten

Die wohlbekannte Truppe der Ratten im Parktheater kennt, so heißt es, ihr Stichwort bestens. Ihre Vorstellung zu sehen ist das Eintrittsgeld wert. Durch langes Proben verstehen sie sich darauf, präzise die Zeit zu bestimmen, da der Vorhang sich hebt, insgleichen akkurat den Grad, in welchem das Publikum von dem, was vorgeht, in Bann geschlagen ist. Auf das Klingelzeichen hin brechen sie hervor; durchforschen das Parkett nach gelegentlichen Erdnüssen und Apfelsinenschalen. Sobald ihnen die Couplets signalisieren, dass der Vorhang im Begriffe ist zu fallen, verschwinden sie – aus Rücksicht auf die Zuschauerfüße, die sich nun in Bewegung setzen. Ihre Tollkühnheit wird von der Intensität der Darsteller geregelt. Vielleicht ließe sich, so meinen wir, mit dem ›berühmten Hund Billy‹ ein einträgliches Engagement abschließen.

Alfred Andersch
Die Existenz des Lodovico Gonzaga

Die Gonzaga wohnten immer mit ihren Pferden zusammen. Sie waren Leute mit nicht eigentlich sinnlichen, sondern nur leicht aufgeworfenen Lippen – Lippen, deren obere und untere Begrenzungslinien die Zeichner reizten, und starken, empfindlichen Nasen. Der Turm für den Aufgang der Pferde im Castello di Corte besaß eine Wendeltreppe aus sehr flachen, sehr breiten, hellrötlichen, kaum gebrannten Backsteinen, körnig und seinerzeit mit Sand bedeckt, weich unter den Hufen der schnaubenden, erhitzten, wahnsinnsäugigen Gäule, deren Köpfe von den Knechten nach rechts gerissen wurden: So kamen sie, an Lodovico vorbei, der ihnen vorausgeeilt war, um ihren Aufgang im Turm nicht zu versäumen, die Wahnsinnsaugen ihm zugewandt, die Woge der starken, schweißbedeckten Büge, so kamen sie in den Saal, aus der Moor-Ebene, in der die Dörfer unter Schilf und Weiden verrotteten, über den Deichweg zwischen den Mincio-Seen, auf denen die Blätter der Wassernuss schwammen, mit Winterdunst behangen, mit der Stummheit der roten Sumpfstadt, in den Turm, an Lodovico vorbei, der mit leicht aufgeworfenen Lippen, starker, empfindlicher Nase, kalten, brennenden Augen auf die Pferde starrte, so kamen sie in den Saal, wurden von den Knechten abgerieben, standen auf Stroh, fraßen, misteten. Der Gonzaga ging an ihnen vorbei, zwei Türen weiter, in sein Schlafzimmer, zog sich um, speiste, konferierte mit den Humanisten, mit dem Piccolomini-Papst, ließ sich von Alberti Antiken zeigen, zog sich zeitig zurück, lag eine Weile wach neben der Frau, im Kerzenlicht bewegte sich der Schimmel, den Mantegna ihm an die Wand des Schlafzimmers gemalt hatte, der riesige Schimmel neben der Gonzaga-Hochzeit, Lodovico stand auf, die Frau neben ihm bewegte sich im Schlaf, er nahm die Kerze, ging zwei Türen weiter, in den Saal mit den Pferden, sprach eine Weile mit einer Fuchsstute, die er besonders liebte, sie hörte ihm aufmerksam zu, dann blieb er an den Fenstern stehen, löschte die Kerze, blickte auf die fahlen Mincio-Seen, die echolose Stadt unter einem dünnen Wintermond, fühlte die Drohung, die von den Pferden ausging, wusste nicht, dass seine Nachfahren einmal den Palazzo del Te bauen würden, aber er spürte schon den Giulio Romano voraus, ahnte, dass die späten Gonzaga die Pferde neben ihre Orgien malen lassen würden, ging wieder ins Schlafzimmer, legte sich hin, das weiße Pferd phosphoreszierte im Dunkel, der Schimmel neben der Gonzaga-Hochzeit, aber noch war er nichts als ein mächtiges Tier, bezwungen von den strengen Figuren des Mantegna. Er hörte, wie eines der Pferde sich niederließ, zwei Türen weiter. Die leicht aufgeworfenen Lippen Lodovicos bewegten sich, betend.

Sławomir Mrożek
Heldentat eines Hundes

Als der beherzte Hund merkte, dass sein Herrchen, ein gewisser A.R., weitere drei Liter Wodka einkaufte, stürzte er sich auf die Flaschen und trank ihren Inhalt blitzschnell bis zur Neige aus, womit er seinen Herrn vor der unweigerlichen Vergiftung rettete. Der Zustand des Heldenhundes ist besorgniserregend.

Jules Renard
Der leere Käfig

Felix kann es nicht begreifen, dass man Vögel in einem Käfig gefangen hält.

– Es ist auch eine Untat, sagt er, eine Blume zu pflücken, und ich selber mag nur an ungebrochenen Blumen riechen. Und die Vögel sind nun einmal zum Fliegen geschaffen.

Dennoch kauft er sich einen Käfig, hängt ihn ans Fenster, tut ein Nest aus Watte hinein, einen Napf mit Körnern und ein Schälchen mit frischem Wasser, das er jeden Tag erneuert. Auch eine Schaukel und einen kleinen Spiegel hängt er hinein.

Und als man ihn ganz überrascht fragt, erwidert er nur:

– Jedes Mal, wenn ich diesen Käfig sehe, beglückwünsche ich mich zu meinem Edelmut. Ich könnte einen Vogel in den Käfig setzen, aber ich lass ihn leer. Wenn ich wollte, könnte ich eine Singdrossel, einen schmucken Gimpel, der herumhüpft, oder irgendeinen von den vielerlei Vögeln zu meinem Sklaven machen; so aber bleibt durch mich wenigstens einer von ihnen frei. Das ist immerhin etwas.

Äsop
Bestrafte Habgier

Ein Hund, der ein Stück Fleisch im Maul trug, überschritt einen Fluss. Dabei sah er seinen Schatten im Wasser und meinte, das sei ein anderer Hund, der ein größeres Stück Fleisch habe. Sofort ließ er das eigene fahren und fuhr auf das Spiegelbild los, um das Fleisch zu rauben. Aber dabei kam nur heraus, dass er beides verlor, das fremde Fleisch, weil es überhaupt nicht da war, und das eigene, weil es vom Wasser weggetrieben ward.

Henry Slesar
Monolog

»Hallo, Phyllis? Manny hier. Ich rufe aus dem Büro an.«

»Warte mal einen Moment…«

»Nein, bitte, unterbrich mich nicht. Wir müssen das jetzt auf meine Art machen, Phyllis. Nur dieses eine Mal solltest du mir das letzte Wort lassen. Ha, das klingt wie ein Witz, ›das letzte Wort‹. Weißt du, womit ich hier sitze? Mit Dr. Pfeiffers *Good-night Express*, mit diesen Pillen, die er mir letzten Monat verschrieben hat, damit ich besser einschlafe. Ich habe die ganze Flasche vor mir stehen. Sie ist jetzt leer.«

»Manny…«

»Und weißt du auch, wieso sie leer ist? Weil sie nämlich alle in meinem Bauch sind, all diese netten, kleinen weißen Pillen drängeln sich jetzt in meinem Bauch, genau wie in dem Werbespot. Ich frage mich, ob sie wohl schnell, schnell, schnell wirken? Ich will's jedenfalls ganz bestimmt hoffen – du kennst mich ja, wenn ich mich mal zu irgendwas entschlossen habe. Heute Morgen, als ich im ›Garden‹ Rodolfos Anruf gekriegt habe, da habe ich mir gesagt, Manny, habe ich gesagt, jeder andere an deiner Stelle würde sich jetzt umbringen. Also, wieso eigentlich nicht, habe ich gesagt. Wieso bin ich was anderes als alle anderen? Ich wollte es ja zu Hause machen, aber dann habe ich mir gedacht, wozu? Wieso sollte ich dir alles versauen? Besser, wenn ich Pfeiffers

Rezept zum Mittagessen einnehme und es im Büro mache. Welcher Ort könnte passender sein als dieses lausige, miese kleine Büro?«

»Manny, bitte, hör mir jetzt zu…«

»Vielleicht hattest du ja wirklich keine Ahnung, wie übel es um mich stand, vielleicht habe ich nicht genug rumgeschrien. Du weißt ja, was ich dir immer wieder gesagt habe, Phyllis – das Showbusiness ist kein Business. Ich wäre besser gefahren, wenn ich mit deinem Bruder in die Floristen-Branche eingestiegen wäre, so wie deine Familie es immer gewollt hat. Aber erschlag mich, ich musste ja unbedingt zum Zirkus. Ich bin nun mal keiner von diesen Allerweltstypen, die Geschenkkartons fertig machen oder Sträußchen in Cellophan einwickeln, nicht ich. Ich hatte Sägemehl in den Adern. Und so was in unserer Zeit, stimmt's? Es gibt Cinerama, es gibt Farbfernsehen, es gibt Weltausstellungen, und was hat Manny den Leuten zu bieten? Freaks und Sensationen, richtig? Ganz schön clever, he? Ein richtiges kleines Genie, dein Mann, stimmt's?«

»Manny, um Himmels willen…«

»Aber das war noch nicht schlimm genug. Noch nicht mal das konnte ich richtig machen. Alles, was ich wollte, war etwas Einmaliges, etwas anderes, und was kommt dabei raus? Ein Schwindler nach dem anderen. Eine Niete nach der anderen. Dieser bescheuerte Zauberer aus Argentinien. Dieser Holzkopf von einem Kretin. Und dann diese bärtige Lady. Wer könnte *ihn* jemals vergessen, diesen großen Scharlatan. Einer nach dem anderen, alles Schwindler, Betrüger, Nieten. Tja, ich bin fertig. Fertig mit diesem ganzen Mist…«

»Manny...«

»Ja, ja, ich weiß, ich weiß. Du willst sicher wissen, was aus den Siamesischen Zwillingen geworden ist. Genau das hat mir den letzten Rest gegeben, Phyllis, das war der Tropfen, der das Fass zum Überlaufen brachte. Heute Morgen, ich krieg im ›Arena‹ einen Anruf von Rodolfo. Irgend so ein neunmalkluger Reporter von der *News* hat einen meiner Zwillinge in einer Bar an der Third Avenue entdeckt. Ja, genau, *einen* der Zwillinge. Natürlich hat Rodolfo mich sofort aus der Show geschmissen. Er hat mir geschworen, dass ich in diesem Land nie wieder bei einem Zirkus oder irgendeiner Kuriositäten-Show arbeiten werde, und das kann er wirklich. Nein, wenn ich jetzt so drüber nachdenke, er kann mir gar nichts mehr. Niemand kann mir...«

»Manny! Bitte!«

»Es hat einfach keinen Sinn mehr, Phyllis. All die Jahre habe ich mir immer wieder eingeredet – *eine einzige* Nummer würde schon reichen. Ein einziger großer Durchbruch. Eine wirklich tolle Neuheit. *Ein* Knüller, und ich würde ganz oben an der Spitze stehen. Aber weißt du, was ich denke? Ich würde eine großartige Nummer nicht mal erkennen, wenn ich eine sehen würde. Ich bin ein Verlierer, Phyllis. Ich bin ein Versager. Mir läuft nie was Gutes über den Weg, mir gelingt überhaupt nichts. Das ist die nackte Wahrheit.«

»Manny...«

»Mach's gut, Phyllis. Du bist mir immer eine gute Frau gewesen, und ich wünschte, ich hätte dich besser behandelt. Aber glaube mir. Ohne mich bist du besser dran...«

»Manny, würdest du mir bitte mal *zuhören*? Ich bin *nicht*

Phyllis. Phyllis ist nicht hier, sie ist einkaufen gegangen. Manny, ich bin's, Rex. Dein Hund. Dein *Hund*. Ich weiß auch nicht, was in mich gefahren ist. Als ich das Telefon klingeln hörte, *musste* ich einfach rangehen. Ich hab's mit meiner Pfote vom Tisch gestoßen und hab einfach angefangen zu sprechen. Manny, kannst du mich hören? Ich bin's, Rex! Manny, sag doch was. Bitte! Manny, bist du noch da? Wuff! Manny! Manny!«

Sławomir Mrożek
Aus dem Ausland

Auf den Karibischen Inseln wurde eine politisch-gastronomische Verschwörung aufgedeckt. Es handelt sich um ein Häuflein von Menschenfressern, von denen sich der Rest der ehrlichen Bürgerschaft bereits dezidiert und scharf distanziert hat. Die Voruntersuchung brachte zutage, dass die geheime Speisekarte der verschworenen Menschenfresser folgende Vorschläge enthielt:

Staatsoberhaupt auf Reis
Der Arm der Gerechtigkeit auf Wildjägerart –
mit Makkaroni
Königliche Augen und Ohren – à la fourchette

Anton Čechov
Tod eines Beamten

An einem schönen Abend saß der nicht minder schöne Exekutor Ivan Dmitrič Červjakov in der zweiten Reihe Parkett und sah durch das Opernglas die *Glocken von Corneville.* Er sah und fand sich auf dem Gipfel der Glückseligkeit. Doch plötzlich... In Erzählungen begegnet man oft diesem ›doch plötzlich‹. Die Autoren haben recht: Das Leben steckt so voller Unvorhersehbarkeiten. Doch plötzlich runzelte sich sein Gesicht, die Augen rollten, der Atem stockte... er nahm das Opernglas von den Augen, bückte sich und: hatschi!!! Er nieste, wie Sie sehen. Zu niesen ist niemandem auch nur irgendwo verwehrt. Es niesen Bauern ebenso wie Polizeimeister, manchmal sogar Geheimräte. Jeder niest. Červjakov war nicht im mindesten verlegen, wischte sich die Nase mit dem Taschentuch ab und sah sich als höflicher Mensch um: Hatte er mit seinem Niesen nicht irgendjemanden behelligt? Doch da sollte er verlegen werden. Er sah, dass der alte Herr, der vor ihm in der ersten Reihe Parkett saß, sich mit dem Handschuh sorgsam Glatze und Hals abwischte und etwas murmelte. In dem alten Herrn erkannte Červjakov den Zivilgeneral Brizžalov, der in der Verkehrsbehörde Dienst tat.

›Ich habe ihn bespritzt‹, dachte Červjakov. ›Er ist zwar nicht mein Chef, sondern ein Fremder, aber peinlich ist es dennoch. Ich muss mich entschuldigen.‹

Červjakov räusperte sich, beugte den Rumpf nach vorn und flüsterte dem General ins Ohr:

»Entschuldigen Sie, Eur-xzellenz, ich habe Sie bespritzt... aus Versehen...«

»Schon gut, schon gut...«

»Entschuldigen Sie, um Gottes willen... Ich habe es... doch nicht gewollt!«

»Bleiben Sie bitte sitzen! Lassen Sie mich zuhören!«

Červjakov wurde verlegen, lächelte blöde und sah wieder auf die Bühne. Er sah, Glückseligkeit empfand er aber keine mehr. Unruhe begann ihn zu peinigen. In der Pause trat er auf Brizžalov zu, ging ein Stück neben ihm her und murmelte, die Schüchternheit niederringend:

»Ich habe Sie bespritzt, Eur-xzellenz... verzeihen Sie... Ich wollte es doch... nicht, dass ich...«

»Ach, genug davon... Ich habe es längst vergessen, und Sie reden immer noch davon!«, sagte der General, ungeduldig mit der Unterlippe zuckend.

Nach Hause gekommen, erzählte Červjakov seiner Frau von seinem Missgeschick. Seine Frau, so schien ihm, nahm den Vorfall zu leicht; zuerst erschrak sie, doch dann, als sie erfuhr, dass Brizžalov ein ›Fremder‹ sei, beruhigte sie sich.

»Geh trotzdem zu ihm, entschuldige dich«, sagte sie. »Sonst denkt er, du wüsstest dich in der Öffentlichkeit nicht zu benehmen!«

»Das ist es ja! Ich habe mich entschuldigt, aber er war irgendwie merkwürdig. Außerdem war auch keine Zeit für ein Gespräch.«

Am andern Tag zog Červjakov die neue Uniform an, ließ sich die Haare schneiden und ging zu Brizžalov, um es ihm zu erklären... Als er ins Empfangszimmer des Generals trat, sah er dort viele Bittsteller und unter den Bittstellern auch den General persönlich. Nach Befragen einiger Bittsteller hob der General die Augen auch auf Červjakov.

»Gestern im ›Arkadia‹, wenn Sie sich zu erinnern belieben, Eur-xzellenz«, begann der Exekutor vorzutragen, »musste ich niesen und habe Sie... bespritzt, aus Versehen... Entsch...«

»Was für ein Kinderkram... Weiß Gott! Sie wünschen?«, wandte sich der General an den nächsten Bittsteller.

›Er will nicht mit mir sprechen!‹, dachte Červjakov erbleichend. ›Also ist er böse... Nein, das darf man nicht auf sich beruhen lassen... Ich werde es ihm erklären...‹

Als der General die Unterhaltung mit dem letzten Bittsteller beendet hatte und auf dem Weg in die Innenräume war, schritt Červjakov ihm nach und murmelte:

»Eur-xzellenz! Wenn ich mich erdreiste, Eur-xzellenz zu behelligen, so namentlich, wie ich sagen darf, aus dem Gefühl der Reue!... Es war keine Absicht, Sie belieben es zu wissen!«

Der General zog ein weinerliches Gesicht und winkte ab.

»Sie wollen mich einfach verspotten, mein Herr!«, sagte er und verschwand in der Tür.

›Was hat das mit Spott zu tun?‹, dachte Červjakov. ›Es handelt sich mitnichten um Spott! Ein General, und kann das nicht begreifen! Wenn das so ist, werde ich mich nicht länger entschuldigen bei diesem Fatzke! Zum Teufel mit ihm! Ich werde ihm einen Brief schreiben, aber zu ihm gehen werde ich nicht mehr! Bei Gott, das werde ich nicht!‹

So dachte Červjakov auf dem Nachhauseweg. Den Brief an den General schrieb er nicht. Er dachte, dachte nach, konnte sich diesen Brief aber einfach nicht ausdenken. So musste er am andern Tag wieder gehen, um es persönlich zu erklären.

»Ich war gestern hier, um Eur-xzellenz zu behelligen«, murmelte er, als der General die fragenden Augen auf ihn hob, »nicht um Sie zu verspotten, wie Sie zu sagen beliebten. Ich wollte mich entschuldigen, dass ich Sie, als ich niesen musste, bespritzt habe… Sie zu verspotten, daran hätte ich nicht im mindesten gedacht. Wie könnte ich es wagen zu spotten? Wenn wir spotten wollten, dann gäbe es ja, also… keinerlei Respekt mehr… vor Personen…«

»Rraus!!«, kreischte plötzlich der General, blau angelaufen, und fing an zu zittern.

»Wie belieben?«, fragte Červjakov flüsternd, betäubt vor Entsetzen.

»Rraus!!«, wiederholte der General, mit den Füßen aufstampfend.

In Červjakovs Bauch riss etwas. Nichts mehr sehend, nichts mehr hörend, wich er zur Tür, trat auf die Straße und schleppte sich davon… Automatisch nach Hause gekommen, ohne die Uniform auszuziehen, legte er sich auf den Divan und… starb.

Joachim Ringelnatz
Bruchstück aus einem Verbrecherroman

Es ist alles zum Brechen!«, stöhnte der Verbrecher ge-
brochen. »Einbrechen soll man nicht, ausbrechen soll
man nicht. – – Es ist alles Bruch!« Am nächsten Tag musste der gebrechliche Greis wegen Brechdurchfall das Bett
hüten. – – –

(Es ist besser, hier die Erzählung abzubrechen.)

Luigi Malerba
Das nachdenkliche Mafia-Huhn

Ein kalabrisches Huhn beschloss, Mitglied der Mafia zu werden. Es ging zu einem Mafia-Minister, um ein Empfehlungsschreiben zu bekommen, aber dieser sagte ihm, die Mafia existiere nicht. Es ging zu einem Mafia-Richter, aber auch dieser sagte ihm, die Mafia existiere nicht. So kehrte das Huhn in den Hühnerhof zurück, und auf die Fragen seiner Mithühner antwortete es, die Mafia existiere nicht. Da dachten alle Hühner, es sei Mitglied der Mafia geworden, und fürchteten sich vor ihm.

Sławomir Mrożek
Energische Schritte

Der Stadtrat beschloss abermals, gegen gewissenlose Hausmeister, die weder das Eis noch den Schnee von den Gehwegen räumen, energische Schritte einzuleiten. Bei der Aktion werden Panzer- und Artillerieeinheiten eingesetzt.

Roland Topor
Verbrechen

Während das Schiff sinkt, wird Brioche umgebracht. Der Kommissar an Bord ermittelt zügig.

Anton Čechov
Ohne Titel

Das Dienstmädchen wirft, beim Bettenmachen, die Pantoffeln jedes Mal unters Bett bis hinten an die Wand. Der Hausherr, sehr dick, fährt schließlich aus der Haut und will das Mädchen davonjagen. Wie sich herausstellt, hatte der Arzt ihr aufgetragen, die Pantoffeln so weit wie möglich dorthin zu werfen, um den Dicken zu kurieren.

Peter Bichsel
Roman

Ein Mann verliebte sich in ein Mädchen. Das Mädchen weiß, dass der Mann verliebt ist. Der Mann beschaut sich ihren Gang und ihre Beine, erkundigt sich nach ihrem Namen.

Er sagt zu seiner Frau: »Sie ist hübsch.« Und seine Frau bestätigt es. »Sie ist freundlich«, sagt er.

Wenn seine Frau lächelt, erscheint ein weißer Zahnstreifen zwischen ihren Lippen. Dann erstirbt das Lächeln und der Streifen bleibt.

Das Mädchen lächelt nicht.

Der Mann betrachtet sich im Spiegel.

In Locarno hält er es nur eine Woche aus. In der Apotheke ist eine Verkäuferin, die dem Mädchen gleicht. Sie trägt eine weiße Schürze. Nach einer weiteren Woche kehrt der Mann zurück, nicht ohne im Zug ein Gespräch mit dem Nachbarn anzuknüpfen.

Inzwischen hat das Mädchen eine Stelle in London angetreten. Der Mann hört davon.

Er beschließt, im Herbst wieder nach Locarno zu reisen. Seine Frau besteht seit langem darauf, einen Fernsehapparat anzuschaffen. Man berechnet einen Kostenaufwand von etwas über tausend Franken, Antenne und Montage eingeschlossen. Im Herbst geht er nach Locarno. Wählt absichtlich ein anderes Hotel am andern Ende des Orts. In der

Apotheke ist ein anderes Mädchen. Es trägt eine weiße Schürze.

Eine ernsthafte Erkrankung der Frau zwingt ihn, seinen Urlaub abzubrechen.

Man hat jetzt das Fernsehen.

Das Mädchen hat sich in London die Haare färben lassen.

Der Mann schreibt nach Jahren wieder einmal seinem Bruder in Amerika, wartet wochenlang auf Antwort.

Inzwischen ist eine andere Partei stark geworden.

Inzwischen ist es Frühling geworden.

Einmal mit Fremdsprachen angefangen, will nun das Mädchen auch noch Spanisch lernen.

In den letzten drei Wochen hat er es zwei Mal gesehen.

Die Haarfarbe enttäuschte ihn.

Jetzt wird sie nach Barcelona gehen.

Der Mann macht seine Reservation im Hotel rückgängig. Das Geschäft nimmt ihn jetzt voll und ganz in Anspruch. Man empfiehlt ihm, im Winter einmal nach Davos zu reisen. Auch für Leute, die keinen Wintersport trieben, biete Davos viele Reize und Schönheiten.

Die Frau wird ihn nach Davos begleiten.

Eine Postkarte aus Amerika liegt im Briefkasten. Der Bruder macht viele Rechtschreibefehler.

Er nimmt mit seiner Frau die Sonntagsspaziergänge wieder auf. Er bricht sich dabei einen Zweig von einem Baum.

Sein Sohn erklärt, dass er dieses Jahr seinen Urlaub im Mai nehmen wolle. Mit einem Kollegen zusammen macht er eine Reise nach Spanien.

Die Frau hat sich schon jetzt bei der Reiseagentur Pro-

spekte von Davos geholt. »Es sind zwar alles Winterpro-
spekte«, entschuldigt sich das Fräulein.

Braungebrannt und mit einer geschmuggelten Flasche
Chartreuse kehrt der Sohn aus Spanien zurück.

Robert Walser
Skizze

Er kam an, so wie aus weiter nebelhafter Ferne. Schon das empfahl ihn. Er sah aus, wie sonst kein anderer aussah. Sie dachte: »So sieht einer aus, dem noch Gefahren bevorstehen.« Arm war er, er trug abgerissene Kleider, doch er benahm sich stolz. Seine Haltung drückte große Ruhe und große innere Freudigkeit aus. Sie dachte: »Wie herrlich muss sein Kuss schmecken.« Ferner machte er den Eindruck, als müsse er schon viel Gefallen erweckt und schon viel Interesse hervorgerufen haben, und als sei er überall dort, wo er diese beiden Dinge herausgefordert hatte, ohne einen einzigen flüchtigen Blick zur Seite zu werfen, weitergegangen.

Sie dachte: »Es ist Kühnes und Großherziges an ihm. Werde ich ihn lieben? Wert ist er jedenfalls, geliebt zu werden.«

Ferner sah er so aus, als wisse er und als wisse er es wiederum nicht im Geringsten, wie anziehend er sei. Sein Benehmen hatte etwas Verlorenes, etwas Zweideutiges. Sie sagte sich: »Dieser junge Mann versteht sicherlich diskret zu sein. Ich glaube, es muss süß sein, ihm zu vertrauen. Noch schöner und noch süßer muss es sein, ihm um den Hals zu fallen und ihn zu umarmen.« Bei aller Sicherheit und Festigkeit seines Auftretens haftete ihm nichtsdestoweniger der Schimmer der Verstoßenheit und der Schutzlosigkeit an. Da dachte sie: »Er bedarf des Schutzes. Wie glücklich würde es mich machen, ihn in Schutz nehmen zu dürfen.« Jung war er und dennoch, so schien es, schon erprobt; eisernfest stand er da, das Bild der Standhaftigkeit und der Beharrlichkeit, und dennoch sah er aus, als sehne er sich nach überfließenden Weichheiten und Zutraulichkeiten.

Da berührte sie ihn, wie unabsichtlich und zufällig, am Arm. Sie errötete und dachte: »Er merkt, was ich will.« Auch er errötete. Da dachte sie sich: »Der Vortreffliche! Er achtet meiner. Er ist ein Ritter.« Er benahm sich nun in ihren Augen immer schöner, und immer mehr Stärke, Stolz und Zartheit kam aus seinem Wesen. Sie dachte: »Ich liebe. Ich darf zwar nicht lieben, denn ich bin verheiratet. Aber ich liebe.« Sie gab ihm das mit den Augen zu verstehen, und er besaß Aufmerksamkeit, Artigkeit und Intelligenz genug, um zu begreifen, was sie meinte, was sie fühlte und was sie wünschte. Und nun begann der Roman. Wenn ich jetzt kein Autor, sondern eine Autorin wäre, würde ich hieran anschließend schleunigst zwei Bände schreiben.

Jakob Arjouni
Ohne Titel

Ich kenne keine anderen Schriftsteller«, sagte der Schriftsteller zu einer attraktiven jungen Frau, mit der er im Restaurant saß. »Ich halte mich von ihnen fern. Der ganze Literaturbetrieb – furchtbar!«

Meisterdetektiv Holmes am Nebentisch dachte: Er kennt sie alle.

Urs Widmer
Buchhändler!

Du kletterst auf Leitern und Stühle, um unsre Werke in die Hände der Kunden zu legen. In deinem Büro hängt ein Poster, auf dem steht, was der moderne Buchhändler von heute nicht tun darf, wenn er am Ball bleiben will. Du aber stolperst über jeden Ball, Buchhändler! Du liebst deine Leitern und Stühle. Da sitzt du und liest unsre langsam vergilbten Erstlinge. Für dich wollen wir ein Buch schreiben, das, statt fast niemand, gar niemand kauft, das kannst du am Lager behalten ein Leben lang. Wir kommen dich jede Woche besuchen, du kochst einen Tee, wir bringen einen Schnaps mit, und dann erzählst du uns, wie du einmal, 1933, ein Buch schreiben wolltest, das die Welt von damals auf einen Schlag verändert hätte.

Patricia Highsmith
Die Romanschriftstellerin

Sie kann sich an alles erinnern. Es geht immer nur um Sex. Sie ist zum drittenmal verheiratet, hat nebenbei drei Kinder in die Welt gesetzt, keines davon von ihrem derzeitigen Ehemann. Ihr Schlachtruf lautet: »Hört meine Vergangenheit! Sie ist wichtiger als meine Gegenwart. Ich werde euch erzählen, was für ein ausgemachtes Schwein mein letzter Ehemann (oder Liebhaber) war.«

Ihre Vergangenheit ist wie eine unverdaute oder unverdauliche Mahlzeit, die ihr im Magen liegt. Man wünschte, sie könnte es einfach rauskotzen und fertig.

Sie schreibt und schreibt darüber, wie oft sie oder ihre Rivalin mit ihrem Ehemann ins Bett gesprungen ist. Und wie sie schlaflos auf und ab ging – sich tugendhaft den Trost des Alkohols versagend –, während ihr Ehemann die Nacht mit der anderen verbrachte, frischfröhlich, ohne sich um das Gerede von Freunden und Nachbarn zu scheren. Da die Freunde und Nachbarn entweder denkunfähig oder an der Situation nicht interessiert waren, ist es egal, was sie dachten. Man könnte meinen, das sei eine Herausforderung für die Phantasie eines Romanciers, die Chance, Gedanken und Meinungen zu erfinden, wo keine waren, doch diese Arbeit macht sich die Romanschriftstellerin nicht. Alles ist so nackt wie ein Feigenblatt.

Nachdem drei Freundinnen das Manuskript begutachtet

und gelobt haben – »genau wie im Leben!« – und die Namen der männlichen und weiblichen Protagonisten viermal ausgetauscht worden sind, was dem Aussehen des Manuskripts nicht unbedingt zugute kommt, und nachdem ein Freund (und potentieller Liebhaber) die erste Seite gelesen und das Manuskript mit der Behauptung zurückgegeben hat, er habe es ganz gelesen und sei hingerissen, geht es an einen Verleger. Es wird umgehend und höflich abgelehnt.

Die Verfasserin wird vorsichtiger, sichert sich Entrees über Bekanntschaften mit Schriftstellern, über vage, nichtssagende Empfehlungen, die mit weinreichen Mittag- und Abendessen erkauft sind.

Dennoch Ablehnung auf Ablehnung.

»Ich weiß, dass meine Geschichte wichtig ist!«, sagt sie zu ihrem Ehemann.

»Das ist das Leben dieser Maus hier für sie auch«, erwidert er. Er ist ein geduldiger Mensch, aber allmählich ans Ende seiner Geduld gekommen.

»Was für eine Maus?«

»Ich unterhalte mich fast jeden Morgen mit einer Maus, wenn ich in der Badewanne sitze. Ich glaube, sein oder ihr Problem ist die Nahrungssuche. Es ist ein Pärchen. Einer von beiden kommt zum Loch heraus – in einer Ecke ist ein Loch in der Wand –, und ich hole ihnen etwas aus dem Kühlschrank.«

»Du schweifst ab. Was hat das mit meinem Manuskript zu tun?«

»Nun, dass Mäuse mit einem wichtigeren Thema beschäftigt sind, mit der Nahrungssuche. Nicht damit, ob der Exgatte einen betrogen oder ob man darunter gelitten hat, selbst an so herrlichen Schauplätzen wie Capri oder Rapallo. Das bringt mich auf einen Gedanken.«

»Was für einen Gedanken?«

Ihr Ehemann lächelt zum ersten Mal seit Monaten. Er empfindet sekundenlang ein Gefühl des Friedens. Im ganzen Haus ist kein Schreibmaschinengeklapper zu hören. Seine Frau sieht ihn tatsächlich an und wartet auf das, was er sagen will. »Das musst du herausbekommen. Du hast doch Phantasie. Ich bin zum Abendessen nicht da.«

Dann verlässt er die Wohnung, wobei er sein Adressbuch und frohgemut einen Pyjama und eine Zahnbürste mitnimmt.

Sie geht zu ihrer Schreibmaschine, starrt sie an und überlegt, ob das vielleicht der Keim für einen neuen Roman ist, der an diesem Abend beginnt, ob sie den Roman, um den sie so viel Aufhebens gemacht hat, auf den Müll werfen und mit dem neuen anfangen soll. Vielleicht heute Abend? Jetzt gleich? Mit wem wird er schlafen?

Ennio Flaiano
Kurzgeschichte

Er beschloss, sein Leben zu ändern, die Morgenstunden zu nutzen. Er stand um sechs Uhr auf, duschte sich, rasierte sich, zog sich an, frühstückte mit Genuss, rauchte ein paar Zigaretten, setzte sich an den Schreibtisch und erwachte am Mittag.

W. Somerset Maugham
Tragödie

Sie war erfolgreich, wohlhabend, angesehen; sie hatte eine Menge Freunde. Sie hätte eine sehr glückliche Frau sein sollen, doch das war sie nicht, sie fühlte sich elend, nervös und unzufrieden. Psychoanalytiker konnten ihr nicht helfen. Sie konnte ihnen nicht sagen, woran sie litt, da sie es selbst nicht wusste. Sie war auf der Suche nach ihrer Tragödie. Dann verliebte sie sich in einen jungen Flieger, der viele Jahre jünger war als sie, und wurde seine Mätresse. Er war Testpilot, und eines Tages, als er eine Maschine ausprobierte, ging etwas schief, und er stürzte ab. Er starb vor ihren Augen. Ihre Freunde befürchteten, sie könnte Selbstmord begehen. Keineswegs. Sie wurde glücklich, dick und zufrieden. Sie hatte ihre Tragödie gehabt.

Philippe Djian
Schlechter Rückprall

Guck mal, Papa«, sagte sie, »man kann seine Eier sehen!« Ich lächelte Madame Le Veaux, die Frau von
der Agentur, an. Dann beugte ich mich zu meiner Tochter
hinunter und nahm sie auf die Arme. »Das ist nicht
schlimm«, murmelte ich, »aber sei lieb und sag es sonst keinem.« Madame Le Veaux setzte eine große Sonnenbrille auf.
»Es ist sein rechtes Knie«, erklärte sie halblaut. »Und es
ist nicht einmal sicher, dass er seinen Prozess gewinnt. Eine
echte Tragödie, wissen Sie.«
Ich nickte, auch wenn ich nicht das Gefühl hatte, dass irgendein Leid in der Luft lag. Der Mann war in einem Lie-
gestuhl eingenickt, im Schatten eines Eukalyptusbaums,
dessen Blätter leise raschelten. Seine Unterarme baumelten
über dem Boden, sein Kopf war zur Seite geneigt, und es
ging von diesem Bild wahrhaftig ein solches Gefühl von
Frieden und Gelöstheit aus, von einer Art sommerlicher
Siesta, dass ich nur schwer glauben konnte, dass dieser Typ
am Ende sein sollte. Zumal er seine Sportsachen anhatte.
Auf seinen Schultern ein blonder Flaum, und die Brusthaare
ringelten sich aus dem Ausschnitt eines grasgrünen, fast
leuchtenden Trikots. Er trug diese großen Shorts, kaum länger als ein Minirock, und beunruhigend weit. »Das ist, als
hätte ein Schriftsteller keinen Arm mehr!«, seufzte sie. »Denken Sie nur… nein… also, Sie wissen, was ich sagen will.«

Bei diesen Worten sprang der Mann mit einem Satz auf. Sein Kopf verschwand im Laub. Meine Tochter schlang ihre Arme um meinen Hals.

»Bill!«, rief Madame Le Veaux aus. »Bill, mein Gott, ich habe dich doch hoffentlich nicht geweckt?« Sie hielt den Atem an und presste ihre Akten an die Brust, den Hals gestreckt, wie von einer unsichtbaren Kraft nach oben gezogen.

Als Bill sich über sie beugte, schrumpfte sie wieder.

»Ich habe im Flugzeug kein Auge zugetan«, sagte er in vertraulichem Ton zu ihr, bevor er sie mit Küsschen begrüßte.

Dann hob er sie hoch, und einen Augenblick lachten sie beide. Ich nutzte die Gelegenheit, um meiner Tochter zu erklären, dass Bill einfach ein ganz bisschen größer als normal sei. »Aber nein, er ist nicht böse. Wir dürfen sogar in seinem Haus wohnen… Glaubst du, ich würde zulassen, dass dir jemand wehtut? Deine Mutter würde mich ja umbringen!«

Schließlich hielt er mir seine Hand hin: »Bill Walton von den Celtics.«

»Philippe Djian von Gallimard…«

Noch bevor ich es überhaupt besichtigt hatte, hatte ich Madame Le Veaux im Vertrauen auf die vagen Beschreibungen der Agentur schon erklärt, dass das Haus sicher das Richtige für mich sei. Wir lebten seit fast einem Monat im Hotel, und ich fühlte, dass der Augenblick gekommen war, rasch eine Lösung zu finden.

»Im Übrigen sind Pissoirs etwas äußerst Hygienisches«, führte Madame Le Veaux aus. Sie hingen in Höhe meines

Brustbeins an der Wand. Es gab noch mehr Details dieser Art, die mich beeindruckt hatten, während sie mich von einem Zimmer zum andern führte. Beispielsweise hatte man über den Türen das Wandquadrat bis zur Decke hoch entfernt, rigoros mit der Stichsäge ausgeschnitten, wie es schien, und die Stufen der Treppe zwischen den einzelnen Stockwerken erforderten eine besondere Anstrengung. Die Wandschränke, Telefone, Duschköpfe und Spiegel machten mich, als ich sie nach und nach entdeckte, ein bisschen gereizt. Und beschwören hätte ich es nicht können, doch die Einrichtung kam mir vor, als hätte sie leichte Übergröße, obwohl Madame Le Veaux das nicht zugeben wollte. Für sie war ein Sessel ein Sessel und ein Teller ein Teller.

»Ich bitte mir nur eines aus«, erklärte Bill. »Dass man meine Grateful-Dead-Sachen nicht anfaßt!« Die Wände im Wohnzimmer waren tatsächlich mit goldenen Schallplatten, Porträts, Wimpeln und anderen Raritäten mit Widmungen der Gruppe geschmückt, doch sie hingen so hoch, dass keine große Gefahr für sie bestand.

»Na...? Gefällt Ihnen das Haus...?«, fragte er mich.

Er hatte sich hingesetzt, damit wir uns in die Augen sehen konnten. Es war schon spät am Nachmittag, und über den Hofmauern hingen breite Streifen eines Himmels, der sich orange färbte. Meine Frau ist ja eigentlich groß, überlegte ich. Meine Tochter war auf einem Kissen eingeschlafen, mit einem Lächeln auf den Lippen. Ich müsste auf Zehenspitzen leben, überlegte ich, wie eine Tänzerin, aber ich könnte wenigstens meinen Roman zu Ende schreiben. Andere Männer pinkelten in Zwergenbecken, die einen Meter zu tief hingen.

»Es gefällt mir, Bill«, antwortete ich. »Ich nehme es sofort.«

»Ich muss Ihnen die Grateful Dead vorstellen«, sagte er zum Schluss freundschaftlich. Er ging auf den Hof hinaus, während ich mit Madame Le Veaux die Papiere unterschrieb. Sie sah auf, kaum dass sie hörte, wie der Ball vom Boden zurückprallte, der Korb, den er getroffen hatte, vibrierte. »Oh, das lässt mir das Blut in den Adern gefrieren«, murmelte sie. »Sehen Sie, das ist, als hätte ein Schriftsteller im Kopf nicht mehr alle beisammen. Nun… etwas in dieser Art, wissen Sie… Oh, es ist einfach ungerecht!«

Sie hielt durch, bis der Scheck unterzeichnet war, während Bill sich weiter quälte und Körbe warf, was unter diesen Umständen etwas herb Trauriges hatte. Dann ging sie eilig in die Küche, und ich setzte mich auf die Stufen. Bill versuchte einen Drehwurf aus ungefähr fünfzehn Metern Entfernung. Ich hörte nur das Zischen vom Netz, als der Ball durch den Korb flog.

»Pah, man kann nicht alles haben«, witzelte er.

»Bill, ich freue mich sehr, in Ihrem Haus zu wohnen. Manchmal gefallen einem ja die Leute nicht… Hören Sie, man weiß nie, wenn Sie mal in der Nähe sind, kommen Sie doch vorbei.«

Er verzog das Gesicht zu einer bitteren Grimasse. Ich sah ihm zu, wie er in den hinteren Teil des Hofes ging, einen unsichtbaren Gegner umspielte. Ich hatte nicht den Eindruck, dass sein Knie ihn behinderte, doch ich verstand nicht viel davon, und vielleicht entging mir in der Dämmerung auch der eine oder andere verräterische kleine Hinweis darauf.

»He, hör mal zu!«, rief er. »Jetzt achte mal nicht mehr auf mein Knie.«

»In Ordnung, Bill. Einverstanden…«

»Siehst du den Korb da hinten… Dreißig Meter! Das hat noch nie einer geschafft.«

Er hob den Ball über seinen Kopf. Unwillkürlich hielt ich die Luft an, weil ich diesen Augenblick so grandios fand.

»Mach es wie ich«, fuhr er fort. »An dem Tag, wo dein Verleger dich rausschmeißt, zeig ihm, dass du *Krieg und Frieden* schreiben kannst!«

Ich formulierte ein Gelübde in diesem Sinn, während ein mattes Röcheln seinen Versuch begleitete. In einer Art Siegestaumel – würde ich es einmal nennen – zischte der Ball über den Hof. Dann prallte er im rechten Winkel ab, und als hätte er an Schnelligkeit zugelegt, nachdem er auf den Ring des Korbes aufgetroffen war, schoss er mitten in ein Fenster im ersten Stock. Ich sprang auf, um mich vor den Glasscherben in Sicherheit zu bringen, die überall herunterprasselten.

Danach war es wieder still.

»Gut, ich hole einen Besen…!«, entschied er.

Ich hielt ihn zurück: »Ich bitte Sie, Bill… Das kann ich doch tun.«

Wolf Wondratschek
Der Hundertmarkschein

Eine Frau verkauft auf der Straße einen Hundertmarkschein für fünfundneunzig Mark. Der Geldschein ist echt. Die Passanten machen einen Bogen um die Frau. Fünfzehn Minuten später muss sie im Präsidium sehr schwierige Fragen beantworten.

Sławomir Mrożek
Trauriger Vorfall

Gestern früh hat sich am großen Zeiger der Rathaus-
uhr ein Künstler erhängt.

Unter der Last des Selbstmörders schob sich der Zeiger
zur Ziffer 6 zurück – und zeigt somit die Uhrzeit um fast
zwanzig Minuten später an.

Es kam zur Irreführung des zahlreich versammelten Pu-
blikums, das überzeugt war, noch Zeit zu haben, den Vorfall bis zur Ankunft der Feuerwehr zu beobachten. Das
führte in den Ämtern und Betrieben zu zahlreichen Ver-
spätungen.

István Òrkény
Zu Hause

Das Mädchen war erst vier Jahre alt, und sicherlich waren seine Erinnerungen verschwommen. Um ihm die bevorstehende Änderung bewusstzumachen, ging seine Mutter mit ihm an den Stacheldrahtzaun und zeigte ihm von weitem den Zug.

»Freust du dich gar nicht? Dieser Zug wird uns nach Hause bringen.«

»Und was ist dann?«

»Dann sind wir zu Hause.«

»Was ist denn zu Hause?«, fragte das Kind.

»Wo wir vorher gewohnt haben.«

»Und was ist da?«

»Kannst du dich noch an deinen Teddy erinnern? Vielleicht gibt es sogar noch deine Puppen.«

»Mama«, fragte das Kind. »Gibt es zu Hause auch Wächter?«

»Nein, dort gibt es keine.«

»Dann können wir von dort doch fliehen, nicht, Mama?«, fragte das Mädchen.

Michelangelo Antonioni
Tragische Jagd

Am 13. Dezember 1975 brachen zweiundvierzig Personen zur Krokodiljagd auf der Insel Java auf. Achtundzwanzig Männer und vierzehn Frauen. Sie mieteten zwei Boote und drangen, mit Vorräten beladen, auf einem Fluss vor.

Als sie an der Stelle, einer spiegelglatten Wasserfläche am Fuß eines sehr hohen, finsteren Felsens, ankamen, kippten die Krokodile die Boote um und fraßen alle auf. Einschließlich der Vorräte.

Julio Ramón Ribeyro
Ohne Titel

Der Concierge des Wohnhauses, achtzig Jahre, Veteran zweier Kriege, stirbt in seinem Bett, während er seinen Mittagsschlaf hält, an einem Herzinfarkt. In den folgenden Stunden kommen die Polizei, der Arzt, einige Nachbarn, um die fälligen Formalitäten und Kontrollen vorzunehmen. Aber als es Nacht wird, lässt man ihn, da er in Paris keine Verwandten hat, in seiner *loge* liegen, wie er gestorben ist, ohne dass jemand bei dem Toten wacht. In derselben Nacht kommt einer meiner Vettern aus Lima an, fährt zu dem Haus, um mich aufzusuchen, und da er nicht weiß, in welchem Stockwerk ich wohne, betritt er die *loge*, um den Concierge zu fragen. Der gibt keine Antwort. Endlich, nachdem er sich von Tür zu Tür durchgefragt hat, kommt er in mein Stockwerk und sagt zu mir: »Welche Mühe, dich zu finden. Ich bin zum Concierge gegangen, aber ich konnte ihn noch so oft fragen, wo du wohnst, er hat keine Antwort gegeben.« – »Das ist natürlich«, sag ich zu ihm, »er ist ja tot.«

A. S. Byatt
Ohne Titel

Sie warteten auf den Sonnenaufgang. Er kam nie.

Raymond Queneau
Vollendete Gegenwart

Ich bin in den Autobus nach der Porte Champerret gestiegen. Es waren so viele Menschen darin, Junge, Alte, Frauen, Soldaten. Ich habe meinen Platz bezahlt, und dann habe ich um mich geblickt. Es war nicht sehr interessant. Ich habe dann aber doch einen jungen Mann bemerkt, dessen Hals ich zu lang gefunden habe. Ich habe mir seinen Hut genau betrachtet und habe festgestellt, dass er anstelle des Bandes eine geflochtene Kordel hatte. Jedes Mal, wenn ein neuer Fahrgast einstieg, kam es zu einem Gedränge. Ich habe nichts gesagt, aber der junge Mann mit dem langen Hals hat trotzdem seinen Nachbarn angequatscht. Ich habe nicht verstanden, was er zu ihm gesagt hat, aber sie haben sich ganz gehässig angesehen. Darauf ist der junge Mann mit dem langen Hals schnell weggegangen, um sich hinzusetzen.

Als ich von der Porte Champerret zurückkam, bin ich an der Gare Saint-Lazare vorbeigefahren. Ich habe den Kerl wiedergesehen, wie er mit einem Kumpel diskutierte. Dieser hat mit dem Finger oberhalb des Ausschnittes seines Überziehers gezeigt. Dann ist der Autobus weitergefahren, und ich habe sie nicht mehr gesehen. Ich bin auf meinem Platz gesessen und habe an nichts gedacht.

Julio Ramón Ribeyro
Aschenbecher

Gewohnheit, meine Kippen über den Balkon ungeniert auf die Place Falguière zu werfen, wenn ich am Geländer lehne und niemand auf dem Gehsteig ist. Deshalb ärgert es mich, gerade dann jemand da stehen zu sehen, wenn ich es tun will. »Was, zum Teufel, macht dieser Typ in meinem Aschenbecher?«, frage ich mich.

Günter Eich
Episode

Ich wache auf und bin gleich im Notstand. Die Gründe weiß ich nicht genau, verhafte aber vorsorglich meine Kinder, Verhaftungen müssen sein. Im Rundfunk stelle ich Tanzmusik ein, drehe die Antenne in Richtung Luxemburg. Mit den Handschellen klirrend patrouilliere ich durch die Etagen. Im Mezzanin ist alles in Ordnung, im Keller auch, aber sonst? Kein Erkennen der Lage, kein Ernst, kein Verlass, Bananenschalen auf den Treppen. So weit kommt es, wenn man die Zügel locker lässt.

Unter dem Dach herrscht volle Anarchie, jemand liest Karsunke, meine Hauswirtin schläft, mit achtzig Jahren sollte sie wissen, was man zu tun hat. Webern liegt auf dem Plattenteller, so zersetzt ist alles und die Wände voll Schimmel. Durchgreifen. Ordnung ist das halbe Leben, die andere Hälfte auch. Mit feuchten Augen höre ich die ersten Nachrichten aus dem Hauptquartier. Man beglückwünscht sich, es wird alles besser, das Strafgesetz schon umgearbeitet, man hatte es in den Schubladen. Im ersten Stock stellt man sich inzwischen um, beginnt realistisch zu denken. Ein Polizist aus Berlin, auf Urlaub, übernimmt das Standrecht und die Löscheimer. Viel Idealismus.

Um elf habe ich auch das Erdgeschoss auf Vordermann gebracht, mit etwas Nachhilfe, aber nicht viel. Um zwölf sortiere ich staatsfeindliches und jugendgefährdendes Schrifttum aus. Um eins versammle ich die Hausgemeinschaft zu einer Ansprache, die als Mittagessen eingelegt wird. Um zwei umstellt Gendarmerie das Haus und verhaftet uns alle.

So gemütlich ist es immer noch.

Wolfdietrich Schnurre
Geschichte

Beste Geschichte meines Lebens. Anderthalb Maschinenseiten vielleicht. Autor vergessen, in der Zeitung gelesen. Zwei Schwerkranke im selben Zimmer. Einer an der Türe liegend, einer am Fenster. Nur der am Fenster kann hinaussehen. Der andere hatte keinen größeren Wunsch, als das Fensterbett zu erhalten. Der am Fenster leidet darunter. Um den anderen zu entschädigen, erzählt er ihm täglich stundenlang, was draußen zu sehen ist, was draußen passiert. Eines Nachts bekommt er einen Erstickungsanfall. Der an der Tür könnte die Schwester rufen. Unterlässt es: denkt an das Bett. Am Morgen ist der andre tot; erstickt. Sein Fensterbett wird geräumt; der bisher an der Tür lag, erhält es. Sein Wunsch ist in Erfüllung gegangen. Gierig, erwartungsvoll wendet er das Gesicht zum Fenster.

Nichts; nur eine Mauer.

Jim Crace
Ohne Titel

Siehst du diesen Schatten? Deiner ist es nicht.

Roland Topor
Miss-Wahl

Dieses Jahr findet die Wahl der Miss World in Mexiko statt.

Bewerberinnen aus 32 Nationen landen am Flughafen und drängeln sich in dem Bus, der sie zum Palace Excelsior bringen soll, dem Ort der Veranstaltung. Unglücklicherweise kommt der Bus unterwegs von der kurvigen Bergstraße ab und stürzt in eine Schlucht. Zwölf Konkurrentinnen sind sofort tot, fünfzehn mehr oder weniger schwer verletzt.

Allgemeine Ratlosigkeit.

Soll man ein so bedeutendes Ereignis absagen, wo doch Fernsehsender aus aller Welt vor Ort schon ihre Kameras aufgebaut haben?

Die Veranstalter beschließen, so zu tun, als ob nichts wäre, und beschränken sich darauf, die Modalitäten der Zeremonie zu verändern: Das Defilee soll horizontal erfolgen, die Bewerberinnen, ob tot oder lebendig, werden, sorgfältig geschminkt und mit dem Namen ihres Herkunftslandes auf einer Banderole schräg über dem entzückenden Badeanzug versehen, von Herren im Abendanzug auf einer Liege getragen.

Und alles geht sehr gut, von den Gewissensproblemen der Jurymitglieder einmal abgesehen: Gibt es einen Punktabzug für ein fehlendes Bein? Kann man auf ein Gesicht verzichten? Müssen es unbedingt zwei Brüste sein?

Um nicht die einen auf Kosten der anderen zu bevorzugen, wurden die Lebenden vorsichtshalber betäubt und so den Toten gleichgestellt, außerdem konnte man auf diese Weise den zweifellos unerfreulichen Eindruck vermeiden, der durch Röcheln und Stöhnen hervorgerufen wird.

Die Entscheidung ist allerdings durch den Umstand erschwert, dass die liegende Stellung, in der die superben Anatomien der Jury präsentiert werden, die Anschauung nicht gerade begünstigt. Auf Bitten der Herren wird also manchmal ein Kopf gedreht, ein Bein angehoben oder eine Wunde geschlossen. Zudem erscheint es unumgänglich, die Körper umzudrehen, um nach der Vorder- auch die Rückseite in Augenschein zu nehmen.

Schließlich wird die Leiche einer 19-jährigen Blondine mit den Maßen 90–90–0, früher Wirtschaftsstudentin an der Universität von Princeton mit den Hobbys Yoga und Reiten, zur Miss Tod gekrönt.

Ein atemberaubendes Finale voller Spannung und unerwarteter Wendungen.

Einziger Makel: Böse Zungen behaupten, der Juryvorsitzende habe vor der Ausscheidung ihre Gunst genossen.

Ambrose Bierce
Ein Gegengift

Ein junger Strauß kam zu seiner Mutter, er stöhnte vor Schmerz und verschränkte seine Flügel fest über seinem Magen.

»Was hast du gegessen?«, fragte seine Mutter besorgt.

»Nur ein Fass Nägel«, war die Antwort.

»Was!«, rief die Mutter; »ein ganzes Fass Nägel, in deinem Alter! Damit wirst du dich umbringen! Mach schnell, mein Kind, friss sofort eine Zange.«

Eduardo Galeano
Weinen

Es war im Amazonas-Urwald in Ecuador. Die Shuar-Indios weinten um eine sterbende Großmutter. Sie saßen neben ihr und weinten während ihrem Todeskampf. Ein Besucher, der aus einer anderen Welt gekommen war, fragte: »Warum weinen alle vor ihr, wenn sie doch noch am Leben ist?«

Alle Weinenden antworteten: »Damit sie merkt, dass wir sie sehr gern haben.«

Friedrich Dürrenmatt
Der Sohn

Ein Chirurg, der sich sowohl als Chefarzt einer
berühmten Klinik als auch durch wissenschaftliche
Forschungen einen großen Namen erworben und durch
Wohltätigkeit den Armen gegenüber allgemeine Beliebt-
heit erlangt hatte, gab, auf der Höhe seiner Laufbahn, den
Beruf zur Bestürzung und Verwunderung der Freunde
und Kollegen auf, veröffentlichte in allen Zeitungen des
Landes Heiratsinserate, studierte die vielen Anträge auf
das gewissenhafteste, besuchte sämtliche Bordelle der Stadt,
ließ sich mit jeder Dirne in lange Gespräche ein, forschte
nach Charakter und Verhältnissen jeder Frau, der er be-
gegnete, erweckte durch sein absonderliches Treiben, als
ein sittenstrenger Junggeselle bekannt, überall Kopfschütteln und Bedenken, warb schließlich um die Gunst einer
achtzehnjährigen Schönheit, Tochter eines reichen Fabri-
kanten, schwängerte diese, auf heftigste Abneigung stoßend,
nachdem er sie in sein Haus gelockt, auf eine brutale Art ge-
waltsam, brachte den Sohn, den sie ihm unter seiner alleini-
gen Obhut in seiner Privatklinik geboren, ohne Rücksicht
darauf, dass die junge Frau unter heftigen Blutungen ver-
schied, sofort nach der Geburt mit einem Automobil in ra-
sender Fahrt nach einer Villa, die er in einem wilden Park
hatte bauen lassen, wo er ihn ohne fremde Hilfe, sei es auch
diejenige der Amme, aufzog, derart, dass er stets nackt mit

ihm lebte, ihm jeden Wunsch erfüllte, ihn aber ohne Wissen um Gut und Böse ließ, jeden Verkehr mit Menschen auf so geschickte Weise unmöglich machte, dass der Sohn glaubte, er und der Vater seien die einzigen Menschen, die es gäbe, mit dem Park aber höre die Welt auf, bis der Vater ihm eine Hure, die er aus einem der ordinärsten Häuser hatte kommen lassen, zuführte, worauf der Sohn, eben fünfzehn geworden, den Park, ohne dass der Vater ihn zu hindern suchte, nackt, wie er geschaffen, verließ, schon nach einer Stunde aber, Kleider verlangend, zurückkehrte, um nach vierundzwanzig Stunden, da er einen Menschen, der sich geweigert hatte, ihm ohne Bezahlung Nahrung zu geben, kurzerhand umgebracht, gehetzt von der Polizei und deren Hunden, die ihm dicht auf den Fersen waren, die Hände und das Gesicht mit Blut verschmiert, zum Vater zurückflüchtete, der ihn, ohne zu fragen, aufnahm, die Polizei mit einem Maschinengewehr zurücktrieb, sich, als diese den Kampf wieder begann, Seite an Seite mit dem Sohn in einem Zimmer verschanzte, sich aufs wütendste, ohngeachtet, dass die Villa, von Handgranaten halb zerstört, in Flammen aufging, gegen die Übermacht verteidigte, die Angreifer, die sich hinter den Bäumen und Büschen des Parks verbargen, immer wieder in die Flucht schlagend und den Boden mit Leichen bedeckend, bis der Sohn, durch eine Kugel, die ihm die Schulter zerschmetterte, schwer verwundet, in der Ecke des Zimmers, wo er blutüberströmt lag, halb erstickt durch eindringenden Rauch, heftige Flüche gegen den Vater ausstoßend, ihm vorwarf, er habe ihn zu einer Bestie gemacht, so dass die Menschen ihn, obgleich er nicht wisse warum, wie ein Tier verfolgten und mit Hunden hetzten, worauf der Vater, ohne mit der Wimper zu zucken, den Sohn niederschoss.

Heimito von Doderer
Das Verhängnis

Sie war noch jung, sie war hübsch und drall, gesund und froh. Nun gut, aber irgendein Haken wird dabei sein, sonst wäre ja keine Geschichte daraus geworden. Wohlan! Sie war in fester Stellung, bei den Damen ihrer Kundschaft sehr beliebt, sie hatte auch Freude an ihrer Tätigkeit, der sie in modernen, hellen und gelüfteten weißgekachelten Räumen nachging. Nun ja, aber wir wissen doch –. Sie lernte einen jungen Mann kennen, er war ein netter Bursche, ein wohlanständiger Kerl, ebenfalls fix angestellt. Die beiden hatten einander erst zwei- oder dreimal in einem Park getroffen. Aha! Beim dritten Male fragte er sie anteilnehmend, welchen Beruf sie denn ausübe? »Ich bin Toilettenfrau«, sagte sie, blickte durch einige Sekunden verzweifelt vor sich hin, und fügte, gleichsam entschuldigend, hinzu: »Am Hauptbahnhofe.« »Das geht nicht«, sagte er. Und verließ sie zur selben Stunde.

Augusto Monterroso
Der Blitz

Es war einmal ein Blitz, der schlug zweimal am selben Ort ein; aber er fand, dass es vergeblich war, weil er schon beim erstenmal genügend Schaden angerichtet hatte. Da grämte er sich sehr.

Woody Allen
Ohne Titel

Schon wieder habe ich versucht, Selbstmord zu begehen – diesmal, indem ich mir die Nase anfeuchtete und sie in die Steckdose steckte. Unglücklicherweise gab's einen Kurzschluss in der Leitung, und ich flog bloß gegen den Kühlschrank. Weiterhin von Todesgedanken gequält, grüble ich fortwährend nach. Ich frage mich beständig, ob es ein Leben nach dem Tode gibt, und wenn es eins gibt, werden sie in der Lage sein, einen Zwanziger zu wechseln?

Robert Gernhardt
Vom lieben Gott, der über die Erde wandelte

Es begab sich einmal, als der liebe Gott wieder über die Erde wandelte, dass es dunkel wurde und er am Hause des reichen Mannes anklopfte und um ein Nachtlager bat. Doch der reiche Mann erkannte nicht, wer da vor ihm stand, und so antwortete er: »Tritt herein, unbekannter Fremder, das ist wohlgetan, dass du bei mir anklopfst. Gleich werde ich dir das schönste Bett im ganzen Haus herrichten lassen, darf ich dich in der Zwischenzeit mit feinem Backwerk und köstlichen Weinen bewirten?« Da gab sich der liebe Gott zu erkennen und sprach erfreut: »Dein Angebot ist sehr freundlich, reicher Mann. Die letzten Male, da ich über die Erde wandelte, musste ich nämlich immer beim armen Mann absteigen. Und da hat es mir, ehrlich gestanden, gar nicht gefallen, bei dem war alles – unter uns gesagt – doch erschreckend ärmlich.«

Nach diesen Worten aber schmausten und tranken die beiden nach Herzenslust, und es wurde noch ein richtig netter Abend.

Rafik Schami
Als Gott noch Großmutter war

Ich war als kleines Kind oft bei meinen Großeltern. Tage und Wochen verbrachte ich dort; es war angenehm, der überbevölkerten Enge der elterlichen Wohnung zu entfliehen und die unendliche, nach Thymian duftende Ruhe zu genießen.

Oft saßen wir, mein Großvater und ich, am Kamin, und er erzählte viel und dachte, ins knisternde Feuer starrend, nach, bis er mitten im Nachdenken einschlief. Nicht selten schlief auch ich kurz darauf ein, und wenn ich aufwachte, war er meist auch schon wach, lächelte verlegen und fragte, während er trockene Zweige bündelte und in den Kamin schob: »Wo bin ich in der Geschichte stehengeblieben?«

Großvater schien den ganzen Tag am Kamin gesessen zu haben, denn ich habe nur dieses Bild von ihm in meiner Erinnerung. Wenn es dunkel wurde, blieben wir im Dunkeln, bis Großmutter kam und einmal leicht an die Wand klopfte, dann wurde es hell. Wenn ich in der Dunkelheit Angst bekam, tröstete Großvater mich. »Bald kommt deine Oma und macht Licht. Das kann sie gut«, sagte er voller Bewunderung. Er konnte kein Licht machen, weder im Sommer noch im Winter.

Und wenn es uns im Sommer heiß wurde, so bat er Großmutter höflich, sie möge frischen Wind machen. Großmutter klopfte an die Wand, und ein alter Propeller an der Decke zauberte geräuschvoll eine frische Brise hervor. Großvater lehnte sich mit geschlossenen Augen zurück. »Göttlich«, flüsterte er genussvoll und schlief ein. Und ich erinnere mich sehr wohl daran, dass ich an einem windigen Morgen am Fenster stand und Großvater fragte, wer das Licht und den Wind draußen mache. »Gott«, antwortete Großvater, und da war ich sicher, Gott ist auch eine Großmutter.

Später studierte ich Chemie, Physik und Mathematik. Oft aber, wenn meine Finger einen Lichtschalter berühren, denke ich an meine Großmutter, und für einen kurzen Augenblick verfluche ich sämtliche Wissenschaften.

Giorgio Manganelli
Der Beweis

Gegen zehn Uhr morgens hatte ein Herr von gediegener Bildung und gemäßigt melancholischer Gemütsart den unwiderlegbaren Beweis für die Existenz Gottes gefunden. Es war ein komplizierter Beweis, aber nicht in dem Maße, dass ein mittlerer philosophischer Verstand ihn nicht hätte begreifen können. Der Herr mit der gediegenen Bildung blieb ruhig und prüfte den Beweis für die Existenz Gottes noch einmal von Ende bis Anfang, kreuz und quer und von Anfang bis Ende und kam zu dem Schluss, gute Arbeit geleistet zu haben. Er klappte das Heft mit den Aufzeichnungen über den endgültigen Beweis für die Existenz Gottes zu und ging aus, um sich mit nichts zu beschäftigen – mit einem Wort: um zu leben. Als er sich gegen vier Uhr nachmittags auf den Heimweg machte, bemerkte er, dass er die genaue Formulierung einiger Passagen der Beweisführung vergessen hatte – und natürlich waren alle Passagen wesentlich.

Die Sache machte ihn nervös. Er ging in ein Lokal, um ein Bier zu trinken, und einen Augenblick lang schien es ihm, als wäre er jetzt ruhiger. Er hatte eine Passage wiedergefunden, musste aber gleich darauf feststellen, dass ihm zwei andere entfallen waren. Er hoffte auf seine Aufzeichnungen, wusste aber, dass die Aufzeichnungen lückenhaft waren, und so hatte er sie auch gelassen, weil er nicht wollte, dass irgendjemand – womöglich das Dienstmädchen – Gewissheit über die Existenz Gottes gewänne, bevor er die vollständige Beweisführung sorgfältig zu Ende geführt hatte. Als er zwei Drittel des Heimwegs zurückgelegt hatte, bemerkte er, dass er sich, während der Beweis für die Existenz Gottes seine festen und wundersamen Merkmale verlor, in Argumentationen verstrickte, von denen er nicht genau wusste, ob sie noch zu seiner ursprünglichen Argumentation gehörten. Hatte es da eine Passage gegeben, wo vom LIMBUS die Rede war? Nein, das hatte es nicht; und da waren auch keine SCHLAFENDEN SEELEN gewesen; vermutlich das JÜNGSTE GERICHT. Er war sich nicht sicher. Die HÖLLE? Er bezweifelte es; und doch hatte er den Eindruck, lange von der Hölle gehandelt und die Existenz der Hölle an den Höhepunkt seiner Untersuchung gesetzt zu haben. Als er vor seiner Haustür ankam, brach er in kalten Schweiß aus. Was war es denn eigentlich, dessen Existenz er bewiesen hatte? Irgendetwas hatte sich doch als unwidersprochen wahr ergeben, als unangreifbar, auch wenn man es unmöglich in eine unvergessbare Formel fassen konnte. Erst jetzt merkte er, dass er seinen Hausschlüssel fest in der Hand hielt, und mit einer Gebärde später Verzweiflung schleuderte er ihn mitten auf die menschenleere Straße.

Paulo Coelho
Nur Stroh

Als ein Mann an einem Feld vorbeikam, sah er dort eine Vogelscheuche.

»Du musst es satt haben, einsam auf dem Feld herumzustehen und nichts zu tun«, meinte der Mann.

Die Vogelscheuche antwortete: »Ich habe große Freude daran, die Gefahren zu verscheuchen, und daher werde ich dessen nie müde.«

»Ja, auch ich habe so gehandelt und mit gutem Ergebnis«, pflichtete ihr der Mann bei.

»Aber allein diejenigen, die nur Stroh in sich haben, können etwas verscheuchen«, sagte die Vogelscheuche.

Der Mann brauchte ein paar Jahre, bis er die Antwort begriffen hatte: Wer Fleisch und Blut in seinem Körper hat, muss Dinge akzeptieren, die er nicht erwartet hat. Aber wer nichts in sich hat, der verscheucht alles, was sich nähert – nicht einmal die Segnungen Gottes können sich ihm nähern.

Oscar Wilde
Der Meister

Nun, als Dunkelheit über die Erde kam, entzündete Joseph von Arimathia eine Fackel aus Fichtenholz und stieg den Hügel hinab ins Tal, denn er hatte im eigenen Haus zu tun.

Und im Tale der Betrübnis sah er auf den spitzen Steinen einen Jüngling knien, der war nackt und weinte. Sein Haar war honigfarben, und sein Leib war eine weiße Blume, doch hatte er seinen Leib mit Dornen verwundet und auf sein Haar Asche gesetzt als eine Krone.

Und der Reiche sagte zu dem Jüngling, der nackt war und weinte: »Ich bin nicht verwundert, dass dein Kummer so groß ist, denn sicher war Er ein gerechter Mann.«

Und der Jüngling gab die Antwort: »Nicht um Ihn weine ich, ich weine um mich selber. Auch ich habe Wasser in Wein verwandelt und heilte die Aussätzigen und gab den Blinden das Gesicht wieder. Ich bin über den Wassern gewandelt, und aus den Grabhöhlen vertrieb ich die Teufel. Ich habe die Hungrigen in der Wüste gespeist, da keine Nahrung war, und weckte die Toten aus ihren engen Häusern auf, und auf mein Gebet und vor einer großen Menge Volkes vertrocknete ein fruchtbeladener Feigenbaum. Alles, was dieser Mensch getan hat, habe auch ich getan. Und doch haben sie mich nicht gekreuzigt.«

Ödön von Horváth
Die Beratung

Es war einmal ein Bergsteiger, der vernachlässigte in gar arger Weise seine Ausrüstung. Das ließ sich diese aber nicht länger mehr gefallen und trat zusammen zur Beratung.

Die Nagelschuhe fletschten grimmig die Zähne und forderten, da er sie ständig fettlos ernähre, seinen sofortigen Tod. Darin wurden sie vom Seil unterstützt. Die Kletterschuhe zeigten ihre offenen Wunden dem Rucksack, der noch etwas ungläubig tat, da er erst gestern aus dem Laden gekommen war, und erzählten ihm erbebend den jeglicher Zivilisation hohnsprechenden Martertod seines Vorgängers. Der Eispickel bohrte sich gehaltvoll bedächtig in den Boden und sprach: »Es muss anders werden.« Und die Windjacke kreischte empört: »Er zieht mich sogar in der Stadt an!«

Endlich ward man sich einig über seinen Tod bei der nächsten Tour:

Die Windjacke sollte sich zu Hause verstecken, um überhaupt nicht dabei zu sein. Zuerst müßten dann die Nagelschuhe, vornehmlich mit ihren besonders spitzen Absatzzähnen, seine Fersen und die Sohlen blutig beißen. Später in der Wand wird ihn der Rucksack aus dem Gleichgewicht bringen, wobei sich die Kletterschuhe aalglatt zu benehmen haben – und sogleich wird der Pickel in seine Gedärme dringen und das Seil ihn mit einer Schlinge erwürgen.

Jedoch zu selbiger Zeit glitt der Bergsteiger auf der Straße über eine Apfelsinenschale und brach sich das Bein. Und – er würde sicher nicht mehr fluchen, dass er nun nie mehr in die Berge kann, wüsste er von der Beratung.

F. Scott Fitzgerald
Ohne Titel

Dann holte er tief Atem und hielt ihn für seine Verhältnisse unverhältnismäßig lange an. Dann starb er – rasch und ohne Aufhebens davon zu machen.

F. K. Waechter
Tod endlich besiegt

Ein würdiger älterer Herr und eine junge Dame im Dirndl. Er hält ein Samtkästchen, sie drei Blumensträuße in Händen. Fanfaren schmettern. Ein deutscher Sportler läuft ein und erklettert das Treppchen, den ersten Platz auf dem Siegerpodest. Der Würdige entnimmt seinem Kästchen die Goldmedaille. Der Sportler beugt sich tief herab. Der Würdige hängt ihm die Medaille um und schüttelt dem Sportler die Hand. Die deutsche Fahne steigt am Mast hoch. Die Nationalhymne erklingt. Die junge Dame küsst den Sportler und überreicht ihm einen Blumenstrauß. Das gleiche Ritual wiederholt sich mit einem amerikanischen Sportler, der amerikanischen Fahne und der amerikanischen Hymne. Er erklettert das Silbermedaillenpodest und bekommt die Silbermedaille. Er schüttelt dem deutschen Sportler die Hand. Als Letztes kommt der Tod. Seine Fahne ist weiß, seine Hymne der Eiswind, der durch die Grabkreuze pfeift. Er bekommt Bronze.

Kurt Tucholsky
Mein Nachruf

Wie mein Nachruf aussehen soll, weiß ich nicht. Ich weiß nur, wie er aussehen wird. Er wird aus einer Silbe bestehen. Pappa und Mamma sitzen am abgegessenen Abendbrottisch und vertreiben sich ihre Ehe mit Zeitungslektüre. Da hebt Er plötzlich, durch ein Bild von Dolbin erschreckt, den Kopf und sagt: »Denk mal, der Theobald Tiger ist gestorben!« Und dann wird Sie meinen Nachruf sprechen. Sie sagt: »Ach –!«

Loriot
Letzte Meldung

Sprecher: »Guten Abend, meine Damen und Herren. *Washington.* Die sensationelle Entführung des Präsidenten der Vereinigten Staaten und des sowjetischen Parteichefs, die sich beide zu einem Gedankenaustausch im Wochenendhaus des Präsidenten befanden, hat ihr Ende gefunden. Die beiden Spitzenpolitiker wurden auf freien Fuß gesetzt, nachdem man sich mit den Entführern über die Zahlung eines angemessenen Lösegeldes geeinigt hatte. Die Summe betrug umgerechnet 12 Mark 50.«

Nachweis

Woody Allen (* 1. Dezember 1935 in Brooklyn, New York)
Ohne Titel. Aus dem Amerikanischen von Benjamin Schwarz. Aus:
Woody Allen, *Ohne Leit kein Freud.* Copyright © 1979 by Rogner &
Bernhard Verlag, München

Peter Altenberg (9. März 1859, Wien – 8. Januar 1919 ebenda)
Im Volksgarten. Aus: Peter Altenberg, *Sonnenuntergang im Prater.*
Philipp Reclam Jun. Verlag, Stuttgart

Alfred Andersch (4. Februar 1914, München – 21. Februar 1980, Berzona)
Die Existenz des Lodovico Gonzaga. Aus: Alfred Andersch, *Essayistische Schriften 2. Gesammelte Werke 9.* Copyright © 2004 by Diogenes
Verlag, Zürich

Hans Christian Andersen (2. April 1805, Odense – 4. August 1875, Kopenhagen)
Das Sparschwein. Aus: Hans Christian Andersen, *Die schönsten Märchen*, Diogenes Verlag, Zürich

Michelangelo Antonioni (29. September 1912, Ferrara – 30. Juli 2007, Rom)
Tragische Jagd. Aus dem Italienischen von Karsten Witte. Aus: Michelangelo Antonioni, *Bowling am Tiber.* Copyright © 1985 by Verlag
Klaus Wagenbach, Berlin

Jakob Arjouni (* 8. Oktober 1964, Frankfurt am Main)
Scheidungsgrund. Abdruck mit freundlicher Genehmigung des Autors. Copyright © 2008 by Diogenes Verlag, Zürich
Ohne Titel. Abdruck mit freundlicher Genehmigung des Autors. Copyright © 2008 by Diogenes Verlag, Zürich

Äsop (Griechenland, ca. 600 v. Chr.)
Bestrafte Habgier. Aus: *Fabeln aus drei Jahrtausenden.* Herausgegeben
von Reinhard Dithmar. Manesse Verlag, Zürich, in der Verlagsgruppe
Random House GmbH

Isaak Babel (13. Juli 1894, Odessa – 27. Januar 1940, Moskau)
Weg nach Brody. Aus dem Russischen von Peter Urban. Aus: Isaak Babel, *Die Reiterarmee.* Copyright © 1994 by Friedenauer Presse, Berlin

Stefano Benni (* 12. August 1947, Bologna)

A. S. Byatt (* 24. August 1936, Sheffield)
Ohne Titel. Aus dem Englischen von Margaux de Weck. Erstmals erschienen in *The Guardian* am 24.3.2007. Abdruck mit freundlicher Genehmigung der Agentur ILA, London
Andrea Camilleri (* 6. September 1925, Porto Empedocle / Sizilien)
Die Fußfalle. Aus dem Italienischen von Moshe Kahn. Aus: Andrea Camilleri, *Sizilianische Geschichten.* Copyright © 2000 by Verlag Klaus Wagenbach, Berlin
Anton Čechov (17. Januar 1860, Taganrog – 15. Juli 1904, Badenweiler)
Das Leben in Fragen und Ausrufen. Aus dem Russischen von Peter Urban. Aus: Anton Čechov, *Das Leben in Fragen und Ausrufen.* Herausgegeben von Peter Urban. Copyright © 2001 by Diogenes Verlag, Zürich
Tod eines Beamten. Aus dem Russischen von Peter Urban. Aus: *Tintenfass Nr. 25.* Copyright © 2001 by Diogenes Verlag, Zürich
Ohne Titel. Aus dem Russischen von Peter Urban. Aus: Anton Čechov, *Tagebücher, Notizbücher.* Herausgegeben und übersetzt von Peter Urban. Copyright © 1983 by Diogenes Verlag, Zürich
Raymond Chandler (23. Juli 1888, Chicago – 26. März 1959, La Jolla / Kalifornien)
Drohung. Aus: *The Notebooks of Raymond Chandler.* Copyright © 2006 by Chorion, London. Abdruck mit freundlicher Genehmigung
Daniil Charms (30. Dezember 1905, Sankt Petersburg – 2. Februar 1942, Leningrad)
Der Mann. Aus dem Russischen von Peter Urban. Aus: Daniil Charms, *Die Kunst ist ein Schrank.* Aus den Notizbüchern 1924-1940. Herausgegeben von Peter Urban. Copyright © 1992 by Friedenauer Presse, Berlin
Paulo Coelho (*24. August 1947, Rio de Janeiro)
Nur Stroh. Aus dem Brasilianischen von Maralde Meyer-Minnemann. Erstmals erschienen in TV *hören und sehen,* Hamburg, 2007. Copyright © 2008 by Sant Jordi Asociados, Barcelona. Abdruck mit freundlicher Genehmigung
Julio Cortázar (26. August 1914, Brüssel – 12. Februar 1984, Paris)
Vorwurf für einen Wandteppich. Aus dem Spanischen von Wolfgang Promies. Aus: Julio Cortázar, *Die Erzählungen.* Copyright © 1998 by Suhrkamp Verlag, Frankfurt am Main
Jim Crace (* 1. März 1946, Brocket Hall)
Ohne Titel. Aus dem Englischen von Margaux de Weck. Erstmals er-

schienen in *The Guardian* am 24.3.2007. Abdruck mit freundlicher Genehmigung des Autors

Philippe Djian (* 3. Mai 1949, Paris)
Schlechter Rückprall. Aus dem Französischen von Ulrich Hartmann. Erstmals erschienen im *Tintenfass Nr. 21.* Copyright © 1997 by Diogenes Verlag, Zürich

Heimito von Doderer (5. September 1896, Hadersdorf-Weidlingau bei Wien – 23. Dezember 1966, Wien)
Das Verhängnis. Aus: Heimito von Doderer, *Die Erzählungen.* Copyright © 1995 by C.H. Beck, München

Doris Dörrie (* 26. Mai 1955, Hannover)
Wir reden gerade so nett. Abdruck mit freundlicher Genehmigung der Autorin. Copyright © 2008 by Diogenes Verlag, Zürich

Friedrich Dürrenmatt (5. Januar 1921, Konolfingen – 14. Dezember 1990, Neuchâtel)
Der Sohn. Aus: Friedrich Dürrenmatt, *Aus den Papieren eines Wärters.* Copyright © 1998 by Diogenes Verlag, Zürich

Dave Eggers (* 12. März 1970, Boston)
Ich werde dich immer lieben. Aus dem Amerikanischen von Margaux de Weck. Erstmals erschienen in *The Guardian* am 24.3.2007. Abdruck mit freundlicher Genehmigung des Autors

Günter Eich (1. Februar 1907, Lebus – 20. Dezember 1972, Salzburg)
Episode. Aus: Günter Eich, *Gesammelte Maulwürfe.* Copyright © 1968, 1970 by Suhrkamp Verlag, Frankfurt am Main

Péter Esterházy (* 14. April 1950, Budapest)
Eine Frau. Aus dem Ungarischen von Zsuzsanna Gahse. Aus: Péter Esterházy, *Eine Frau.* Copyright © 1996 by Residenz Verlag, Salzburg und Wien

F. Scott Fitzgerald (24. September 1896, St. Paul / Minnesota – 21. Dezember 1940, Hollywood)
Ohne Titel. Aus dem Amerikanischen von Renate Orth-Guttmann. Auszug aus den Notizbüchern von F. Scott Fitzgerald. Abdruck im *Tintenfass Nr. 29.* Copyright © 2005 by Diogenes Verlag, Zürich. Abdruck mit freundlicher Genehmigung der Agentur Liepman, Zürich

Ennio Flaiano (5. März 1910, Pescara – 20. November 1972, Rom)
Kurzgeschichte (Titel vom Herausgeber). Aus dem Italienischen von Susanne Hurni. Aus: Ennio Flaiano, *Nächtliches Tagebuch.* Copyright © 1988 by Ammann Verlag, Zürich

Eduardo Galeano (* 3. September 1940 in Montevideo, Uruguay)
Weinen. Aus dem Spanischen von Erna Brandenberger. Aus: Cuentos Brevisimos. *Spanische Kürzestgeschichten.* Herausgegeben von Erna Brandenberger. Copyright © 1994 by Deutscher Taschenbuch Verlag, München

Anna Gavalda (* 9. Dezember 1970, Boulogne-Billancourt / Frankreich)
Dieser Mann und diese Frau. Aus dem Französischen von Ina Kronenberger. Aus: Anna Gavalda, *Ich wünsche mir, dass irgendwo jemand auf mich wartet.* Copyright © 2002 by Carl Hanser Verlag, München

Robert Gernhardt (13. Dezember 1937, Reval, Estland – 30. Juni 2006, Frankfurt am Main)
Vom lieben Gott, der über die Erde wandelte. Aus: Robert Gernhardt, *Die Blumen des Böhmen.* Copyright © 1997 by Fischer Verlag, Frankfurt am Main

Günter Grass (16. Oktober 1927, Danzig)
Sophie. Aus: Günter Grass, *Gedichte und Kurzprosa.* Copyright © 1993 by Steidl Verlag, Göttingen

Brüder Grimm (Jacob: 4. Januar 1785, Hanau – 20. September 1863, Berlin, und Wilhelm: 24. Februar 1786, Hanau – 16. Dezember 1859, Berlin)
Von dem Mäuschen, Vögelchen und der Bratwurst. Aus: *Die schönsten Märchen der Brüder Grimm.* Diogenes Verlag, Zürich

Arnon Grünberg (*22. Juni 1971, Amsterdam)
Wie man zum Latin Lover wird. Aus dem Englischen von Daniel Kampa und Johanne Förster. Aus: *Tintenfass Nr. 23.* Copyright © 1998 by Arnon Grünberg. Abdruck mit freundlicher Genehmigung

Peter Hacks (21. März 1928, Breslau – 28. August 2003, Groß Machnow)
Der Bär auf dem Försterball. Aus: *Der Bär auf dem Försterball.* Copyright © 2004 by Eulenspiegel Verlag, Berlin

Johann Peter Hebel (10. Mai 1760, Basel – 22. September 1826, Schwetzingen)
Seltsamer Spazierritt; Der Rekrut; Anekdote; Kannitverstan. Aus: Johann Peter Hebel, *Schatzkästlein des rheinischen Hausfreundes.* Eine Auswahl erscheint 2008 im Diogenes Verlag.

Ernest Hemingway (21. Juli 1899, Oak Park, Illinois – 2. Juli 1961, Ketchum, Idaho)
Alter Mann an der Brücke. Aus dem Amerikanischen von Annemarie Horschitz-Horst. Aus: Ernest Hemingway, *Die Stories.* Copyright © 1966, 1977 by Rowohlt Verlag GmbH, Reinbek bei Hamburg

Patricia Highsmith (19. Januar 1921, Fort Worth / Texas – 4. Februar 1995, Locarno / Tessin)

Die Romanschriftstellerin. Aus dem Amerikanischen von Melanie Walz. Aus: Patricia Highsmith, *Kleine Mordgeschichten für Tierfreunde – Kleine Geschichten für Weiberfeinde.* Copyright © 2004 by Diogenes Verlag, Zürich

Franz Hohler (*1. März 1943, Biel)

Das Blatt. Aus: Franz Hohler, *Die Karawane am Boden des Milchkrugs.* Copyright © 2003 by Luchterhand Literaturverlag, München, in der Verlagsgruppe Random House GmbH

Ödön von Horváth (9. Dezember 1901, Fiume, heute Rijeka – 1. Juni 1938, Paris)

Die Beratung. Aus: Ödön von Horváth, *Ein Lesebuch.* Herausgegeben von Traugott Krischke. Copyright © 1976 by Suhrkamp Verlag, Frankfurt am Main

Marie Luise Kaschnitz (31. Januar 1901, Karlsruhe – 10. Oktober 1974, Rom)

Ohne Titel. Aus: Marie Luise Kaschnitz, *Ziemlich viel Mut in der Welt.* Gedichte und Geschichten zusammengestellt und mit einem Vorwort versehen von Elisabeth Borchers. Copyright © 2002 by Insel Verlag, Frankfurt am Main

Erich Kästner (23. Februar 1899, Dresden – 29. Juli 1974, München)

Das Märchen vom Glück. Aus: *Das Erich Kästner Lesebuch.* Herausgegeben von Christian Strich. Diogenes Verlag, Zürich. Copyright © 1966 by Atrium Verlag, Zürich

Etgar Keret (* 1967, Tel Aviv)

Verrückter Kleber. Aus dem Hebräischen von Barbara Linner. Aus: Etgar Keret, *Der Busfahrer, der Gott sein wollte.* Copyright © 2001 by Luchterhand Literaturverlag, München, in der Verlagsgruppe Random House GmbH

Heinrich von Kleist (18. Oktober 1777, Frankfurt (Oder) – 21. November, Berlin)

Der Kuss. Aus: Heinrich von Kleist, *Sämtliche Werke und Briefe.* Herausgegeben von Helmut Sembdner. Deutscher Taschenbuchverlag, München

Stanislaw Jerzy Lec (6. März 1909, Lemberg – 7. Mai 1966, Warschau)

Von Blindgängern. Aus dem Polnischen von Karl Dedecius. Aus: Stanislaw Jerzy Lec, *Sämtliche unfrisierte Gedanken.* Herausgegeben von

Karl Dedecius. Copyright © 2000 by Sanssouci im Carl Hanser Verlag, München

Donna Leon (* 28. September 1942, New Jersey)
Bürokratie all'italiana. Aus dem Amerikanischen von Monika Elwens-poek. Aus: Donna Leon, *Über Venedig, Musik, Menschen und Bücher.* Copyright © 2005 by Diogenes Verlag, Zürich

Loriot, eigentlich Bernhard-Viktor Christoph-Karl von Bülow (* 12. November 1923, Brandenburg an der Havel)
Letzte Meldung. Aus: Loriot, *Gesammelte Prosa.* Copyright © 2006 by Diogenes Verlag, Zürich

Anthony McCarten (*1961, New Plymouth)
Die Italienerin. Aus dem Englischen von Manfred Allié. Abdruck mit freundlicher Genehmigung des Autors. Copyright © 2008 by Diogenes Verlag, Zürich

Luigi Malerba (* 11. November 1927, Berceto / Provinz Parma)
Das nachdenkliche Mafia-Huhn. Aus dem Italienischen von Elke Wehr. Aus: Luigi Malerba, *Die nachdenklichen Hühner.* Copyright © 1984 by Verlag Klaus Wagenbach, Berlin

Giorgio Manganelli (15. November 1922, Mailand – 28. Mai 1990, Rom)
Der Beweis. Aus dem Italienischen von Iris Schnebel-Kaschnitz. Aus: Giorgio Manganelli, *Irrläufer. Hundert Romane in Pillenform.* Copyright © 1980 by Verlag Klaus Wagenbach, Berlin

W. Somerset Maugham (25. Januar 1874, Paris – 16. Dezember 1965, Cap Ferrat)
Tragödie (Titel vom Herausgeber). Aus dem Englischen von Irene Muehlon und Simone Stölzel. Aus: W. Somerset Maugham, *Notizbuch eines Schriftstellers.* Copyright © by The Royal Literary Fund. Für die deutsche Übersetzung © 2004 by Diogenes Verlag, Zürich

Czesław Miłosz (30. Juni 1911, Šetainiai, Litauen – 14. August 2004, Krakau, Polen)
Aus der Hand lesen. Aus dem Polnischen und Englischen von Doreen Daume. Aus: Czesław Miłosz, *Hündchen am Wegesrand.* Copyright © 2000 by Carl Hanser Verlag, München

Augusto Monterroso (21. Dezember 1921, Tegucigalpa, Honduras – 7. Februar 2003, Mexiko)
Der Blitz (Titel vom Herausgeber). Aus dem Spanischen von Inke Schultze. Aus: *Das gesamte Werk und andere Fabeln.* Herausgegeben von Peter Schultze-Kraft. Copyright © 1973 by Diogenes Verlag, Zürich

Sławomir Mrożek (* 29. Juni 1930, Borzecin, Polen)
Heldentat eines Hundes; Aus dem Ausland; Energische Schritte; Trauriger Vorfall. Aus dem Polnischen von Karl Dedecius. Aus: *Bedenke, bevor du denkst. 2222 Aphorismen, Sentenzen und Gedankensplitter.* Herausgegeben von Karl Dedecius. Copyright © 1984 by Suhrkamp Verlag, Frankfurt am Main für die Übersetzung / Copyright © 1984 by Diogenes Verlag, Zürich

Haruki Murakami (*1949, Kyoto)
Wie ich eines schönen Morgens im April das 100%ige Mädchen sah. Aus dem Japanischen von Nora Bierich. Aus: Haruki Murakami, *Wie ich eines schönen Morgens im April das 100%ige Mädchen sah.* Copyright © 1993 by Haruki Murakami. Für die deutsche Ausgabe Copyright © 1996 by Berlin Verlag, Berlin

Ingrid Noll (* 29. September 1935, Schanghai)
Annika. Aus: Ingrid Noll, *Falsche Zungen.* Copyright © 2004 by Diogenes Verlag, Zürich

István Örkény (5. April 1912, Budapest – 24. Juni 1979, ebenda)
Zu Hause. Aus dem Ungarischen von Terézia Mora. Aus: István Örkény, *Minutennovellen.* Ausgewählt von Terézia Mora, mit einem Nachwort von György Konrád. Copyright © 2002 by Suhrkamp Verlag, Frankfurt am Main

Edgar Allen Poe (19. Januar 1809, Boston – 7. Oktober 1849, Baltimore)
Theaterratten. Aus dem Amerikanischen von Heide Steiner. Aus: Edgar Allen Poe, *Sämtliche Erzählungen in vier Bänden.* Copyright der deutschen Übersetzung © 2002 Insel Verlag, Frankfurt am Main

Raymond Queneau (21. Februar 1903, Le Havre - 25. Oktober 1976, Neuilly bei Paris)
Vollendete Gegenwart. Aus dem Französischen von Ludwig Harig und Eugen Helmlé. Aus: Raymond Queneau, *Stilübungen.* Copyright © 1961 Suhrkamp Verlag, Frankfurt am Main

Jules Renard (22. Februar 1864, Châlons-du-Maine – 22. Mai 1910, Paris)
Der leere Käfig. Aus dem Französischen von Kuno Weber. Aus: Jules Renard, *Naturgeschichten.* Copyright © 1960 by Manesse Verlag, Zürich

Julio Ramón Ribeyro (31. August 1929, Lima, – 4. Dezember 1994, Paris)
Ohne Titel. Julio Ramón Ribeyro, *Heimatlose Geschichten.* Copyright © 1991 by Ammann Verlag, Zürich
Aschenbecher (Titel vom Herausgeber). Aus dem Spanischen von An-

neliese Botond. Aus: Julio Ramón Ribeyro, *Heimatlose Geschichten.*
Copyright © 1991 by Ammann Verlag, Zürich

Joachim Ringelnatz (7. August 1883, Wurzen bei Leipzig – 17. November 1934, Berlin)
Bruchstück aus einem Verbrecherroman. Aus: Joachim Ringelnatz, *Sämtliche Erzählungen.* Copyright © 1994, 2003 by Diogenes Verlag, Zürich

Antoine de Saint-Exupéry (29. Juni 1900, Lyon – 31. Juli 1944, nahe der Île de Riou)
Der kleine Prinz und der Händler. Aus dem Französischen von Grete und Josef Leitgeb. Aus: Antoine de Saint-Exupéry, *Der kleine Prinz.* Copyright © 1950, 2000 by Arche Verlag, Zürich und Hamburg

Rafik Schami (23. Juni 1946, Damaskus)
Als Gott noch Großmutter war. Aus: Rafik Schami, *Der Fliegenmelker und andere Erzählungen.* Copyright © 1993 by Neuer Malik Verlag, Kiel

Hermann Harry Schmitz (12. Juli 1880, Düsseldorf – 8. August 1913, Bad Münster am Stein)
Der Hahn und der Wurm. Aus: Hermann Harry Schmitz, *Der Aesthet und andere Tragikomödien.* Herausgegeben von Bruno Kehrein und Michael Matzigkeit. Haffmans Verlag, Zürich

Wolfdietrich Schnurre (22. August 1920, Frankfurt am Main – 9. Juni 1989, Kiel)
Geschichte (Titel vom Herausgeber). Aus: Wolfdietrich Schnurre, *Der Schattenfotograf.* Copyright © 1978 by List Verlag, München

Jean-Jacques Sempé (* 17. August 1932, Bordeaux)
Symbiose (Titel vom Herausgeber). Aus dem Französischen von Patrick Süskind. Aus: Sempé, *Verwandte Seelen.* Copyright © 1993 by Diogenes Verlag, Zürich

Henry Slesar (12. Juni 1927, New York – 2. April 2002, ebenda)
Monolog. Aus dem Amerikanischen von Jürgen Bürger. Aus: Henry Slesar, *Teuflische Geschichten für tapfere Leser.* Copyright © 1992 by Diogenes Verlag, Zürich

Martin Suter (* 29. Februar 1948, Zürich)
Die Frau hinter Hostettler. Aus: Martin Suter, *Business Class.* Copyright © 2002 by Diogenes Verlag, Zürich

Roland Topor (7. Januar 1938, Paris – 16. April 1997 ebenda)
Verbrechen. Aus dem Französischen von Margaux de Weck. Aus: Roland Topor, *Pense-bêtes.* Copyright © 2008 by Nicolas Topor. Abdruck mit freundlicher Genehmigung

Miss-Wahl. Aus dem Französischen von Brigitte Große. Aus: Roland Topor, *Made in Taiwan.* Copyright © 2008 by Nicolas Topor. Abdruck mit freundlicher Genehmigung

Kurt Tucholsky (9. Januar 1890, Berlin – 21. Dezember 1935, Göteborg)
Märchen; Mein Nachruf. Aus: Kurt Tucholsky, *Gesammelte Werke in 10 Bänden.* Rowohlt Verlag, Reinbek bei Hamburg

Tomi Ungerer (* 28. November 1931, Straßburg)
Basil Ratzki. Aus: *Das Tomi Ungerer Bilder- und Lesebuch.* Herausgegeben von Daniel Keel. Copyright © 1981 by Diogenes Verlag, Zürich

John Updike (* 18. März 1932, Shillington / Pennsylvania)
Pygmalion. Aus dem Amerikanischen von Uwe Friesel und Hannelore Gauster. Aus: John Updike, *Spring doch!* Copyright © 1990 by Rowohlt Verlag, Reinbek bei Hamburg

Leonardo da Vinci (15. April 1452, Anchiano - 2. Mai, Amboise)
Das Rasiermesser. Aus: *Das da Vinci-Universum.* Herausgegeben von Emma Dickens. Copyright © 2006 Ullstein Verlag, Berlin

F. K. Waechter (3. November 1937, Danzig – 16. September 2005, Frankfurt am Main)
Der Spanner; Tod endlich besiegt. Aus: F. K. Waechter, *Die letzten Dinge.* Copyright © 1992 by Verlag der Autoren, Frankfurt am Main

Robert Walser (15. April 1878, Biel – 25. Dezember 1956 in der Nähe von Herisau / Schweiz)
Skizze. Aus: Robert Walser, *Liebesgeschichten.* Zusammengestellt von Volker Michels. Copyright © 1978 by Suhrkamp Verlag, Frankfurt am Main

Urs Widmer (* 21. Mai 1938, Basel)
Buchhändler! Aus: Urs Widmer, *Vom Fenster meines Hauses aus.* Copyright © 1977 by Diogenes Verlag, Zürich

Oscar Wilde (16. Oktober 1854, Dublin – 30. November 1900, Paris)
Der Meister; Der Schüler. Aus dem Englischen von Hannelore Neves. Aus: Oscar Wilde, *Werke in zwei Bänden.* Copyright der deutschen Übersetzung © 1970 by Carl Hanser Verlag, München

Wolf Wondratschek (* 14. August 1943 in Rudolstadt)
Ohne Titel. Aus: Wolf Wondratschek, *Omnibus.* Copyright © 1972 by Carl Hanser Verlag, München
Der Hundertmarkschein. Aus: Wolf Wondratschek, *Früher begann der Tag mit einer Schusswunde.* Copyright © 1979 by Carl Hanser Verlag, München

Autorenregister

Kurz und bündig
Die schnellsten Geschichten der Welt
Eingefangen von Daniel Kampa

»Kürze ist die Schwester des Talents«, behauptete Anton Čechov und lieferte gleich selbst den Beweis. Er schrieb neben weltberühmten Kurzgeschichten auch Kürzestgeschichten, die weniger als fünf Zeilen umfassen. *Kurz und bündig* versammelt die schnellsten Geschichten der Welt, kleine Geschichten von großen Autoren wie Anton Čechov, F. Scott Fitzgerald, W. Somerset Maugham, Franz Kafka, Kurt Tucholsky, Friedrich Dürrenmatt, Loriot, John Irving, Ingrid Noll, Doris Dörrie, Jakob Arjouni und vielen anderen. Spannende, berührende, groteske, optimistische Geschichten ›in a nutshell‹, entweder nur einige Zeilen lang oder maximal in fünf Minuten zu lesen. Zum Abschalten zwischendurch, zum Lesen während einer kurzen Busfahrt, während des dreiminütigen Zähneputzens oder beim Warten auf das Fünfminutenei. So schnell haben Sie noch nie so tolle Geschichten gelesen!

Ein Buch für alle, die eigentlich keine Zeit zum Lesen haben, oder für alle, die noch nie ein Buch fertiggelesen haben, weil es einfach zu lang oder zu langweilig war. Das Buch mit garantiertem Erfolgserlebnis, denn wann haben Sie, Hand aufs Herz, zum letzten Mal ein Buch in weniger als einer Stunde fertiggelesen?

»Leser von Kurz- und Kürzest-Geschichten sind ganz besondere Leser. Sie verfügen selbst über Witz und Humor, und sie können diese unendlich wertvollen Gaben ebenso brillant in Szene setzen wie die Autoren, deren Texte sie ja weniger im herkömmlichen Sinne lesen als sich auf der Zunge zergehen lassen.«
Hannes-Josef Ortheil / Die Welt, Berlin